Ich hab dich lieb, Mama
Neue Kraft gewinnen, das Kind liebevoll begleiten

Dr. med. Dunja Voos

D1727324

Dr. med. Dunja Voos

Ich hab dich lieb, Mama

Neue Kraft gewinnen, das Kind liebevoll begleiten

Dr. med. Dunja Voos
Am Zehnthof 11 | 50259 Pulheim
USt. ID: DE253491011
Kontakt: voos@medizin-im-text.de

Publikation:
pure Verlag
Vladislav Kaufman
Königsbergstr. 6 | 97424 Schweinfurt
USt. ID: DE325190422
Kontakt: vk@kauf-cc.net

Covergestaltung und Satz: Wolkenart - Marie-Katharina Wölk,
www.wolkenart.com
Bildmaterial: ©Shutterstock.com
Lektorat: Martina Müller

ISBN: 978-3-9821762-2-2

Inhaltsverzeichnis

Vorwort	**7**
Mutterinstinkt in stürmischen Zeiten	**10**
Muttergefühle	10
Muttersein ist etwas, das man nicht „leisten" kann.	11
Die Gesellschaft und die Rabenmutter	13
Der größte Feind ist die andere Mutter	16
Das Klima unter Müttern verbessern	20
Mutterinstinkte bewahren	21
Mutter und Kind – die engste Beziehung, die jemals existiert hat	**22**
Im Wachen über das Kind träumen	22
Der Umgang mit Kinderarzt und Therapien	25
Muttersein in Kindergarten und Schule	28
Einzelkind-Mamas und Geschwisterkind-Mamas	33
Warum die Mutter innerlich genauso alt ist, wie das Kind	36
Schwierige Gefühle verstehen und heilen	**38**
Schuldgefühle	38
Über die Kunst der Abgrenzung	44
Die Einsamkeit des Mutterseins verstehen	46
Aggressionen sind lebensnotwendig	51
Neid in der Mutterschaft:	
„Die anderen Mütter werden wieder schwanger!"	57
Die Schatten der Vergangenheit: Woher komme ich selbst?	**60**
Was bedeutet mir meine Mutter?	60
Die narzisstische Mutter	61
Bloß nicht werden wie die Mutter!	68
Das eindrucksvolle Leben der Mutter	**73**
Muttersein und Spiritualität	**73**
Wie unsere „Intuition" uns täuschen kann	78

Was macht eine „gute Mutter" aus?   79
Liebe kann man nicht befehlen   84

Besondere Lebenslagen als Mutter meistern können   **87**
Alleinerziehend sein   87
ADHS, Asperger und Co. – Kinder mit besonderen Bedürfnissen   90
„Immer diese Infektionen!"   93

Muttersein im „schnöden" Alltag   **97**
Die Schlaflosigkeit und die Nächte   97
Der Erschöpfung begegnen   101
Immer einen Schritt voraus – der Erschöpfung liebevoll begegnen   106
Kochen und backen als Meditation   108

Mutter, Vater, Kind!   **111**
Mütter sind anders – und Väter auch   111
Zu zweit oder zu dritt   113
Feuerwehrauto oder Handtäschchen?
Der Körper bestimmt unser Seelenleben   115
„Mein Kind kuschelt nur noch mit Papa!" Der Ödipus-Komplex   118
Den anderen besser verstehen   121

Die Gesellschaft als Mutterschoß   **122**
Die Mutter in bester Gesellschaft   122
Muttersein und Körper   125
Muttersein und Beruf   128
Freier von der Gesellschaft werden   133
Arbeit und Spiel   134

Die Beziehung zum Kind genießen   **137**
Gute Bindung bei Trotz und Pubertät   137
Strafen und Konsequenz kosten Kraft – warum das nicht sein muss   141
Weg vom Drama   146
So können Sie die Beziehung zu Ihrem Kind leichter genießen   149
„Du musst mal lernen, loszulassen!"   150

Literaturverzeichnis   **154**

VORWORT

Wenn Sie zu diesem Buch gegriffen haben, dann sind Sie wahrscheinlich: Mutter. Wenn ich ein Buch schreibe, dann spreche ich schon während des Schreibens im Geiste zu den Menschen, die einmal das Buch lesen werden und ich habe eine recht genaue Vorstellung von der sogenannten Zielgruppe.

Doch beim Schreiben dieses Buches merkte ich, wie schwer es mir fiel, mir eine bestimmte Leserschaft vorzustellen. Denn wer ist schon „Mutter"? Manche Mütter gehen in ihrem Muttersein auf und leben dafür – andere fühlen sich fast gar nicht als Mutter.

Ebenso haben viele Frauen ohne leibliche Kinder ganz viele Kinder, denen sie eine Mutter sind: Dazu zählen Lehrerinnen, SOS-Kinderdorfmütter, Kinderärztinnen, Therapeutinnen und auch Väter, die sich von der Säuglingzeit an um ihr Kind kümmerten, sodass sie verstärkt mütterliche Qualitäten entwickelten.

Wir haben die „Mutter Erde", die gerade so malträtiert wird, dann gibt es Einzelkind-und Geschwisterkind-Mütter, Adoptivmütter, freiwillig oder unfreiwillig berufstätige und arbeitslose Mütter, gehörlose und blinde Mütter, Mütter von behinderten oder todkranken Kindern, jugendliche Mütter und werdende Mütter über 50, Sternenkindmütter, Mütter mit Depressionen, lesbische Mütter, Single-Mütter und geistige Mütter.

Immer häufiger entscheiden sich Frauen weltweit dazu, kein oder nur ein Kind zu bekommen, um unsere Welt zu entlasten. Sie sorgen sich um unsere Erde wie eine Mutter.

Darum ist dieses Buch einerseits für Sie als Mutter geschrieben, andererseits aber auch weiter gefasst: Es enthält viele Gedanken zur Mütterlichkeit im Allgemeinen. So werden wir uns auch mit den Gedanken an unsere eigene Mutter beschäftigen und mit der Frage, warum wir unsere Mutter oft so zwiegespalten erleben. Während wir uns als Kind gerne von unserer Mutter trösten ließen, können wir uns ihr als Erwachsene im Worst case vielleicht nur mit Wut und Ekelgefühlen nähern.

Manche Menschen versuchen ein Leben lang, sich mit ihrer Mutter zu versöhnen (leider gibt es das Wort „vertöchtern" nicht), andere wenden sich vollkommen ab, wieder andere fühlen sich ihrer Mutter sehr dankbar verbunden.

Wenn wir unsere Mutter verlieren, ist dies ebenfalls mit sehr vielen gemischten Gefühlen verbunden: Trauer, heimliche Erleichterung und Befreiung, das Gefühl von Entwurzelung und Angst können dazu gehören. All dies beeinflusst auch unser eigenes Kind, denn es kann spüren, wenn wir innerlich stark beschäftigt sind.

Es ist und war schon immer sehr schwierig, Mutter zu sein. Verausgabung, Erschöpfung, Ratlosigkeit, Einsamkeit und Schuldgefühle sind Müttern ebenso vertraut wie grenzenlose Liebe und Freude.

Muttersein heißt sehr häufig, zu kämpfen – um Zeit mit dem Kind, um Geld, Liebe, Anerkennung, Wertschätzung, gleichberechtigte Positionen im Beruf und vieles mehr. Manche Mütter müssen auch darum kämpfen, ihr Kind behalten zu dürfen oder die Dinge für ihr Kind durchzusetzen, die ihnen wichtig erscheinen. Innere Kämpfe um das Richtige fürs Kind sind manchmal genauso anstrengend wie reale äußere Kämpfe. Die Angst, das eigene Kind aus irgendeinem Grund verlieren zu können, ist immer ganz nah.

Die sorgenvolle, erschöpfte Mutter sehen wir überall. Viele müssen sich ganz alleine durchschlagen, andere sind gehalten durch gute Familienbande und verständnisvolle Partner.

Mutter zu werden und zu sein, eröffnet uns ganz neue Welten. Wenn unser Kind das erste Mal „Mama" sagt, sind wir wahrscheinlich tief berührt. Wenn es älter wird und an einem Tag zum hundertsten Mal „Mama?!" sagt, dann verlieren wir fast die Nerven und verwünschen dieses lästige Wort.

Seit einigen Jahren trauen sich Mütter, auch sehr negative Gefühle offen auszusprechen. Unter dem Hashtag #RegrettingMotherhood sprechen viele Frauen darüber, warum sie es in gewisser Weise bereuen, Mutter geworden zu sein. Nicht zu vergessen sind zahlreiche Mütter, die auch gegen ihren Willen schwanger geworden sind oder ein Kind von einem Mann haben, den sie nicht lieben.

Eltern zu sein ist etwas Endgültiges – man kann nicht mehr zurück und trägt auf eine bestimmte Art ein Leben lang Verantwortung. Es kann das Erfüllendste sein, was eine Frau erleben kann, mitunter aber auch das Schmerzhafteste. Die Schmerzen der Geburt sind auch ein Symbol dafür, was nun auf die Mutter in den nächsten Jahren zukommen wird.

Viele Mütter leiden unter dem Gefühl, gefangen zu sein. Trotz großer Erschöpfung und vielen Situationen, in denen sie verzichten müssen, bleibt ihnen oft nichts anderes übrig, als einfach weiterzumachen.

Doch es kann gelingen, ein Gefühl der inneren Freiheit zu entwickeln. In dem wunderbaren Film „Der kleine Lord" (den sicher alle Mütter kennen!) sagt eine Frau zu Cedrics Mutter ganz entsetzt: „Aber Sie sind doch seine Mutter!", worauf die Mutter sehr entschieden antwortet: „Ja, aber ich bin auch ich selbst." Diese Freiheit, auch Sie selbst bleiben zu dürfen in all den Wogen des Mutterseins, das wünsche ich Ihnen sehr.

Aus Gründen der besseren Lesbarkeit verzichte ich auch in diesem Buch auf das Gendern. Mit der weiblichen Form „Ärztin" oder der männlichen Form „Lehrer" ist immer auch das andere Geschlecht gemeint. Das Mütterliche ist natürlich auch in Vätern zu finden. In diesen Gedanken der Vielfältigkeit wünsche ich Ihnen nun viel Freude beim Lesen dieses Buches.

MUTTERINSTINKT IN STÜRMISCHEN ZEITEN

Muttergefühle

„Wenn ihr ein Kind bekommt, dann öffnet sich nicht nur euer Leib, sondern auch euer Herz." Diesen Satz einer Hebamme im Geburtshaus werde ich nie vergessen – immer dachte ich, ich könnte mir das Muttersein vorstellen, auch ohne Mutter zu sein. Doch was ich mir im Geiste vorstellte, war nicht mit dem zu vergleichen, was ich nach der Geburt meines Kindes wirklich fühlte.

Die meisten Mütter, mit denen ich seither sprach, sehen es ähnlich. Plötzlich kann man keine Nachrichten im Fernsehen mehr angucken und wenn man irgendwo auf dieser Welt eine Mutter sieht, die ihr Kind auf die Stirn küsst, dann geht einem das Herz von Neuem auf. Egal, welche Hautfarbe und welchen sozialen Status die küssende Mutter hat: Diesen Blick, dieses Gefühl – wir kennen das.

Wohl die meisten Mütter fühlen dieses Mutter-Gefühl, das so unverkennbar ist und sich so schwer in Worte fassen lässt. Es ist ein tiefes Wissen, das die Mütter da miteinander teilen. Dieses tiefe Gefühl des Mutterseins trat bei mir tatsächlich erst auf, als ich schwanger war und schließlich mein Kind im Arm hielt.

Doch was, wenn das Muttergefühl fehlt? Vielleicht sind Sie ja eine Mutter, die das hier liest und denkt: Ich kann damit rein gar nichts anfangen. Ich fühle mich ausgeschlossen aus dieser Mütter-Runde, ich habe immer auf so ein Gefühl gewartet, aber es hat sich nie eingestellt.

Jede Mutter hat ihre eigene Geschichte und ihre eigenen Erfahrungen gemacht. Manche Mütter haben den Eindruck, dass sie ihre Kinder kaum lieben können. Manchmal empfinden wir so gar kein Gefühl der Zuneigung. Bei depressiven

Müttern können solche gefühllosen Phasen lange anhalten. Nicht selten sind diese Mütter selbst in emotionalem Mangel groß geworden. „Mir fehlt einfach das Mutter-Gen, obwohl ich eine Tochter habe", sagt eine Mutter.

„Ich kann mein Kind nicht lieben, weil ich den Vater nicht geliebt habe und es einfach nicht so geplant war", sagt wieder eine andere Mutter. Muttergefühle können eben extrem unterschiedlich ausgeprägt sein. Manche Mütter wehren ihre Muttergefühle auch aus verschiedenen Ängsten heraus ab. Wenn man Bilder dieser angeblich nur wenig gefühlvollen Mütter mit ihren Kindern sieht, so schimmert eben doch auch die Liebe deutlich durch.

Gefühle von Zuneigung kann man nicht herbeizaubern und Gefühle von Abneigung nicht wegzaubern. Wo Liebe ist, ist der Hass natürlicherweise ganz nah. Wenn der, den wir am meisten lieben, uns plötzlich weh tut, können wir ihn sehr leicht hassen.

Es ist lohnenswert, sich mit unserer Psyche und unseren Emotionen genauer zu beschäftigen, damit wir Mütter uns selbst besser verstehen. Egal, ob wir uns da im positiven oder eher negativen Licht sehen – allein die Tatsache, dass wir uns aufmachen, zu entdecken, was da ist und wie wir dahingekommen sind, macht aus dem Muttersein eine ereignisreiche Reise.

Muttersein ist etwas, das man nicht „leisten" kann.

„Du kannst alles erreichen, wenn Du nur wirklich willst!" Nach dieser Devise leben heute sehr viele Menschen. Wir können uns in Schule und Studium um gute Noten bemühen, wir können eine Präsentation gut vorbereiten, ein Instrument hingebungsvoll üben oder einen Sport trainieren. Wir merken, wie wir stetig weiterkommen.

Doch Muttersein ist anders. Das kann man irgendwie lernen, irgendwie wächst man da hinein, aber irgendwie kann man da auch gar nichts machen. Ich kann nicht trainieren, zu lieben. Ich kann nicht üben, durch abfällige Bemerkungen meines Kindes nicht verletzt zu sein. Ich kann mein Kind nicht steuern oder kontrollieren – es sei denn, ich zwinge es, spiele meine Macht aus, züchte seine Wut und ernte später Rache und Kontaktabbruch.

Muttersein heißt allzu oft Ausgeliefertsein. Muttersein bedeutet häufig, ohnmächtig eine Situation abwarten zu müssen und nur wenig kontrollieren zu können. Das Beste, was wir beim Muttersein vielleicht trainieren können, ist, unser vegetatives Nervensystem zu beeinflussen und uns selbst zu beobachten.

Es ist ähnlich wie beim Schlaf: Wir können guten Schlaf nicht trainieren im Sinne von „Leistung erbringen“. Wenn ich heute noch zwei Kilometer mehr laufe, bin ich möglicherweise abends müder, aber ich weiß nicht, ob ich dadurch besser schlafe.

Vielleicht halten mich Sorgen um Geld und Gesundheit vom Einschlafen ab, egal, wie viel Schlafhygiene ich betreibe. Schlafen hat mit Regression zu tun, mit Sich-Fallen-Lassen, es ist sozusagen eine „Negativ-Leistung“, die höchstens durch „Negativ-Training“ erreicht werden kann. Einschlafen hat ebenso wie das Muttersein mit Loslassen zu tun, aber auch mit Vertrauen in sich selbst und die Welt.

„Nun vertrau' doch mal“, sagt die Freundin. Doch auch Vertrauen gehört in diese Kategorie des Nicht-Leisten-Könnens. Ob wir vertrauen können oder nicht, hängt stark von unserer Lebensgeschichte ab. Es spielen so viele Faktoren mit hinein, dass man gar nicht weiß, wo man mit dem Nichts-Tun anfangen soll.

Natürlich kann ich mir vornehmen, mir eine grundsätzlich vertrauensvolle Haltung anzueignen. Ich kann mich manchmal bewusst dazu entscheiden, zu vertrauen, und manchmal bin ich auch gezwungen, zu vertrauen – zum Beispiel unter der Geburt oder in Krankheit oder wenn mein Kind beim Vater oder bei anderen Menschen ist.

Mutter zu sein heißt, sich täglich auseinanderzusetzen mit Dingen, auf die wir nur wenig Einfluss haben. Doch was wir immer tun können ist alles, was geschieht, zu beobachten. So lernen wir uns kennen – wir wissen mehr und mehr, wie wir im Ausgeliefertsein reagieren, was wir denken und wie wir inneres Erleben abwehren. Und schließlich machen wir dann immer wieder bewusst die Erfahrung, dass vieles gut ausgeht, wenn wir geduldig abwarten und Tee trinken.

Die Gesellschaft und die Rabenmutter

„Ich finde es unfair, wie die Gesellschaft die Mutter immer anprangert, egal, was sie tut: Bringt sie das Kind in die Kita, ist sie eine Rabenmutter, bleibt sie zu Hause, ist sie eine Glucke." Immer wieder bekommen wir zu hören, wie wir als Mutter sein sollten. Wir sollen die Rollen nicht verdrehen, wir sollen konsequent sein, nicht parentifizieren, wir sollen den Kindern Wurzeln und gleichzeitig Flügel geben und vieles mehr. Wenn wir uns dann schlecht fühlen, weil wir es nicht schaffen, lesen wir im Hochglanzmagazin: „Hab' kein schlechtes Gewissen!", oder „Es ist egal, was andere sagen!"

Doch egal ist es uns natürlich nicht, denn wir sind soziale Wesen. Oft arbeiten wir innerlich hart daran, dass es uns egal wird, aber so richtig will es uns häufig nicht gelingen. Auch das schlechte Gewissen lässt sich nur schwer wegreden.

Das Problem bei der Sache ist, dass wir allzu oft unsere eigenen inneren Zweifel wegschieben wollen. Was immer die Gesellschaft uns sagt: Es ist möglicherweise auch eine Stimme in uns selbst. Die anderen bringen also das, was wir selbst irgendwo in unserem Hinterkopf über uns denken, zum Schwingen. Wir sagen dann rasch: „Das ist die Gesellschaft!", doch wenn wir es einmal so sehen, dass die Gesellschaft auch eine Projektionsfläche von eigenen Gefühlen ist, kann sich viel verändern.

„Immer, wenn ich mein Kind morgens weinend in der Kita zurücklasse, komme ich mir so schlecht vor. Erst wenn meine Freundinnen mir versichert haben, dass es ok ist, kann ich mich selbst wieder beruhigen." Wir meinen oft, das schlechte Gewissen sei eine Stimme in uns, die uns einfach unser Leben madig machen will. Natürlich kann unser Gewissen überstreng sein, z. B. wenn wir bei sehr strengen Eltern aufgewachsen sind. Manche psychischen Störungen gehen auf ein überstarkes schlechtes Gewissen zurück – das merken wir daran, dass es wirklich einen quälenden Charakter erhält, den wir selbst als nicht mehr normal erkennen. Doch ein schlechtes Gewissen ist nicht immer falsch.

Oft haben wir es mit einem gesunden schlechten Gewissen zu tun, das uns genauso stört wie andere negative Gefühle auch. Wir mögen es nicht, Neid, Schuldgefühle, Scham und Eifersucht zu fühlen.

Aber ist das schlechte Gewissen nicht einfach auch ein Hinweis auf einen inneren Zustand, der uns sehr bewegt? Wenn wir morgens unser Kind in der Kita weinend zurücklassen, dann spüren wir einen Stich in unserem Herzen. Wir können nachempfinden, wie sich unser Kind fühlen mag, weil wir uns in gewisser Weise sehr ähnlich fühlen: Wir selbst haben einen Abschiedsschmerz und wir selbst trauern, weil wir einen Trennungsschmerz spüren. Wir spüren instinktiv, dass wir dem Kind hier gerade zu viel zumuten und ihm wehtun. Doch die Umstände lassen uns häufig keine andere Wahl.

Wir haben nur den Gedanken „Ich muss schnell zur Arbeit." Dabei geht oft unter, was wir wirklich fühlen. Doch wenn wir uns selbst etwas inneren Raum verschaffen, dann spüren wir, wie wir eben auch mit unserem Kind trauern. Diese Gefühle nicht gleich abzuwehren, sondern in Ruhe zu erspüren ist sehr wertvoll und fördert die innere Freiheit.

So unangenehm es zunächst auch erscheinen mag, so sehr hilft die genaue Wahrnehmung der eigenen Gefühle sowohl mir als Mutter als auch meinem Kind. Psychische Gesundheit zeichnet sich vor allem dadurch aus, dass man fähig ist, auch Unangenehmes in sich zu halten (Grotstein, 2007). Psychisches Leid beginnt oft da, wo man wegläuft und Spürbares nicht wahrhaben will.

Der Schmerz, den das Kind bei der Trennung spürt, ist auch bei der Mutter vorhanden. Beispielsweise kann die Mutter ihr Neugeborenes kaum für zwei Minuten aus den Augen lassen. Sowohl das Baby als auch die Mutter wissen: Der menschliche Kontakt ist lebensnotwendig. Ohne nährende Mama gerät das Baby in eine bedrohliche Situation.

Je älter das Kind wird, desto leichter können sich Mutter und Kind voneinander trennen. Sobald das Kind laufen lernt, überbrückt die Sprache den körperlichen Abstand. Mit der Zeit baut das Kind die Vorstellung von der Mutter fest in sich ein, sodass es sich die tröstende Mutter auch vorstellen kann, wenn sie nicht da ist (das wird in der Psychoanalyse als „Objektkonstanz" bezeichnet). Die Objektkonstanz macht zunehmend längere Trennungen in Kindergarten und Schule möglich. Wenn sich Mutter und Kind in Ruhe entwickeln können, zeigt sich: Die Mutter trennt sich in dem Maße vom Kind, wie es das Kind auch ertragen kann. Mütter tragen sozusagen das Gefühl des Kindes als Spiegelbild in sich.

Es ist nun die Herausforderung für die Mutter, vor diesem inneren Wissen nicht wegzulaufen. Wenn wir einmal bei uns selbst bleiben und uns selbst nicht in Ausflüchten verlassen, dann spüren wir auf einmal unsere Trauer und unsere Sorge, ob diese Situation nicht zu viel ist für unser Kind. Wir spüren unseren eigenen Trennungsschmerz, aber auch die Wut über unsere vielen Abhängigkeiten.

Wir fühlen uns in unseren Pflichten gefangen und vielleicht hassen wir das Kind sogar dafür, dass es nicht einfach ganz leicht in der Kita bleibt und uns guten Gewissens zur Arbeit gehen lässt. Vielleicht verspüren wir einen großen inneren Freiheitsdrang und erleben deshalb ein schlechtes Gewissen.

In uns selbst ist ein ganz buntes Gefühlsbild, das wir vielleicht gar nicht einordnen können. Es beunruhigt uns vielleicht und führt zu einem Zustand des Unwohlseins.

Was passiert, wenn wir genau hier stehenbleiben und in uns hineinhorchen? Das kann sehr interessant sein – vielleicht können wir uns selbst und auch unser Kind auf einmal verständnisvoller betrachten.

Vielleicht bemerken wir dann auch, dass all die Vorwürfe, die aus der Gesellschaft kommen, in uns selbst schon als Selbstvorwürfe und Ängste vorhanden sind. Wenn wir das erkennen, dann werden wir sehr viel freier von dem, was die Gesellschaft sagt. Wir müssen uns dann nicht mehr ärgern und wir müssen nichts mehr abwehren – wir können sagen: „Ja, da ist was Wahres dran, aber leider ist es gerade so. Ich gebe mein Bestes – und doch kann das Leben mit Kind nicht ohne Schmerzen, Ungereimtheiten oder Konflikte bestehen."

> *Wenn wir das alles bei uns selbst feststellen, was angeblich die Gesellschaft sagt, dann merken wir vielleicht sogar, wie die schwere Gesellschaft als Last von uns abfällt.*

Wenn die Freundin dann mit hochgezogener Augenbraue fragt: „Was, du lässt sie jetzt schon so lange in der Kita?", dann müssen wir nicht mehr hektisch ärgerlich antworten. Dann können wir vielleicht sagen: „Ja, das muss ich leider. Es tut mir selbst weh. Aber wir brauchen das Geld aus meinem Job. Außerdem ist es mir wichtig, dass ich Verbindung zu meinem Beruf halte, den ich gerne mache. Es ist jetzt schmerzlich, aber auf Dauer ist dies vielleicht der sinnvollste Weg. Es fühlt sich jeden Morgen auch für mich ganz scheußlich an. Ich könnte da wirklich manchmal mitweinen."

Diese ehrliche Antwort kann sehr viel bewirken. Kommt so eine Antwort nach viel innerer Arbeit in die eigene Innenwelt, dann können die anderen auf einmal sehr mitfühlend reagieren. Spott und Hohn können verschwinden.

Die anderen werden sich höchst wahrscheinlich das nächste Mal mit verletzenden Äußerungen mehr zurückhalten. Oder aber sie werden selbst traurig und erinnern sich an eigene Trennungszeiten. Manchmal kommen die anderen auch plötzlich mitfühlend auf uns zu – sie zeigen Reaktionen, mit denen wir nicht gerechnet hätten.

Wenn wir unsere Innenwelt auf unsere eigenen kritischen Stimmen hin überprüfen, dann haben wir die Gesellschaft als Kritiker viel weniger nötig. Natürlich begegnet uns furchtbarer Gegenwind jeden Tag aus der Gesellschaft; doch wenn wir erkannt haben, dass wir in anderen eben oft das vorfinden, was irgendwo in uns selbst schlummert, dann lassen häufig viele Spannungen nach.

Der größte Feind ist die andere Mutter

„Meine ist ja letztes Jahr aufs Gymnasium gekommen." … „Ach, Deiner läuft noch nicht? Vielleicht solltest Du mit ihm mal zum Arzt gehen?" Mütter können sich gegenseitig sehr leicht nervös machen. Oder vielleicht: „Marie hat letzte Woche ihre ersten Schritte getan! Ich konnte es kaum glauben! Seither ist sie viel zufriedener und schläft besser. Bei uns in der Familie sind sie ja alle so früh. Ich hab' da echt Glück gehabt."

Wenn Mütter untereinander sind, dann haben wir häufig mehrere Probleme: Sie sind erschöpft und sie verspüren oft einen enormen Mangel.

Mütter haben häufig einen Mangel an Schlaf, oft an körperlicher Zuwendung, an Anerkennung, an Freizeit und Ruhe. Da kann leicht Neid aufkommen auf Mütter, die besser versorgt zu sein scheinen.

Der Ausdruck „Mothering the mother" (Die Bemutterung der Mutter) bezieht sich zwar oft auf die junge Mutter während der Babyzeit, doch auch „ältere" Mütter haben oft große Sehnsucht danach, selbst einmal bemuttert, bekocht und versorgt zu werden. Wenn viele bedürftige Mütter zusammenkommen, dann gelingt es ihnen manchmal nicht, sich gegenseitig Kraft zu geben.
Die Lage ist zudem oft sehr angespannt, weil eines ganz besonders verpönt ist: die Aggression. Mütter wollen nicht offen aggressiv sein, daher findet sich am Kaffeetisch sehr viel versteckte Aggression. Die Mütter spüren die aggressive Luft, aber wissen nicht so recht, wie sie damit umgehen sollen. Sie werden dann entweder sehr vorsichtig mit dem, was sie sagen, oder das Gegenteil ist der Fall: Sie schlagen über die Stränge, weil sie die Hemmungen spüren und sozusagen kontraphobisch dagegen angehen.

Doch die angespannte Stimmung führt mitunter zu dem Dilemma, dass man gar nicht mehr weiß, was man erzählen darf und was nicht. Die Mutter von Marie erzählt vielleicht ohne Hintergedanken einfach über ihre Freude. Doch wir übersetzen es möglicherweise für uns so: „Mist. Die doofe Kuh will doch nur prahlen. Ich hab' nicht so ein Glück. Mir tut ständig der Rücken weh vom Bücken. Wer weiß, wie lange ich noch warten muss, bis es bei uns so weit ist. Ich mache mir ja schon lange Sorgen, ob sich Leon normal entwickelt. Wenn ich da Marie sehe, werde ich immer ganz unruhig. Und diese Scheiß-Harmonie zwischen den beiden! Ich kann das nicht mehr ertragen!"

Wir beäugen andere Mütter mitunter mit großem Argwohn, weil wir als Mütter extrem verletzlich sind. Mutter zu sein heißt, von früh bis spät emotionale Arbeit zu leisten, und das ist etwas, das kaum einer sieht und auch etwas, das wir nie bewusst gelernt haben.

Es wird allgemein angenommen, dass wir Mütter das alles irgendwie können. So ist es ja zum großen Teil auch. Und doch spüren wir genau, wo unsere Schwächen liegen, gegen die wir einfach nicht ankommen. Gleichzeitig leben wir in einer Leistungsgesellschaft, von der es heißt, man könne alles erreichen, was man wolle, wenn man nur will. Man müsse eben einfach fleißig sein, viel lernen und trainieren.

Beim Muttersein haben wir es oft mit ganz anderen Dingen zu tun: mit Ohnmacht, mit Hoffen und Bangen, mit den Lasten der eigenen Vergangenheit, mit emotionaler Intelligenz und vielen, vielen Ängsten.

Leistungsthemen und gesellschaftliche Themen werden mit dem eigenen Kind auch auf anderer Ebene relevant: Wenn ich selbst „nur" einen Realschulabschluss habe, dann wird das vielleicht gerade dann offensichtlich, wenn ich als Mutter mit Akademiker-Müttern im Kindergarten zusammenstehe. Wir können die Unterschiede zwischen uns und anderen Müttern sehr fein wahrnehmen.

Eine Mutter erzählt: „Lisas Tochter ist das Abitur schon in die Wiege gelegt. Lisa ist Ärztin, kann sich alle Lernmaterialien leisten, hat Beziehungen und keine Geldsorgen. Doch mein Sohn, der schon im Kindergarten als Zappelphilipp auffiel, sieht nicht so aus, als würde er es in der Schule weit bringen. Und wenn, dann würde mir das gehörig Angst machen. Irgendwie schäme ich mich, dass ich selbst nicht sehr weit gekommen bin in Schule und Beruf."

All das, womit wir uns in der Schule oft plagten, kommt uns im erzwungenen Zusammensein mit anderen Müttern wieder ganz nah. Wider Willen basteln wir mit arroganten Tussen zusammen die Sankt-Martins-Laternen, während die Mutter, die sich für was Besseres hält, über die Mütter in der Raucherecke lästert.

„Mir geht es ganz anders", sagt eine Mutter. „Ich habe auch nicht studiert, aber meine beste Freundin habe ich beim Babyschwimmen kennengelernt – sie ist Anwältin. Wir helfen einander, wo wir nur können." Auch das gehört dazu: Neue Freundschaften entstehen und es ist egal, wo man herkommt und wer man ist. Doch der Leistungsdruck schleicht sich auch unter Müttern immer wieder ein und es ist nicht immer leicht, sich davon nicht ärgern zu lassen. Der Leistungsdruck der Mütter hängt zudem unmittelbar mit demjenigen der Kinder zusammen.

Ich weiß noch, wie furchtbar ich es fand, als die Kindergärtnerin mit mir den Anforderungskatalog durchging, und mir fein säuberlich auflistete, was mein Kind noch nicht konnte. Da wurden das Schleifenbinden, das Hoseschließen und das Halten der Schere zu den wichtigsten Problemen dieser Welt.

Obwohl ich mich danach beeilte, die Kita zu verlassen, begegnete mir eine andere Mutter mit den Worten: „Wie war's? Ich bin gerade ganz erleichtert: Bei uns ist alles gut! Die Erzieherin hatte gar nichts auszusetzen!" So richtig mitfreuen konnte ich mich da nicht, sodass wir uns beide gegenseitig wohl für nicht sehr schwingungsfähig hielten.

„Es gibt keinen größeren Feind als die andere Mutter", höre ich manchmal von Müttern. Ich denke, dass Mütter von vielen Seiten aufgescheucht werden. Der Druck, der auf ihnen lastet, ist enorm und so kann fast jede Bemerkung einer anderen Mutter als Bedrohung, Angeberei oder Verletzung empfunden werden. Natürlich können wir dann selbst nicht viel Mitgefühl für andere Mütter aufbringen.

Wenn es uns an Verständnis für andere Mütter mangelt, ist das jedoch auch oft ein Zeichen dafür, dass wir uns selbst mit zu strengen Augen anblicken und uns selbst nicht genügend Verständnis entgegenbringen. Wenn wir davon ausgehen, dass sich andere Mütter genauso alleingelassen und verzagt fühlen wie wir, dann können wir mit anderen Ohren hören. Und wenn wir Mitgefühl für uns selbst entwickeln, wird es leichter möglich, mit anderen Müttern zusammen zu sein, ohne sich so verloren zu fühlen.

Das Klima unter Müttern verbessern

„Unsere Gesellschaft ist so anti-Mind", sagt die Psychoanalytikerin Hanna Segal im Film „Encounters through Generations" (2010) und damit hat sie recht. Wir leben in einer „Psyche-feindlichen" Welt, in der immer noch wenig davon verstanden wird, wie die Psyche funktioniert. Rasch heißt es: „Jetzt muss doch mal Schluss sein!"

Doch so gut dieser Stopp-Ruf manchmal auch tun kann, so bemerken wir doch, dass die Seele an ihren Themen weiterkaut und dass man nicht einfach Schluss machen kann mit unangenehmen Themen und inneren Verarbeitungsprozessen.

Schwierige Gefühle sind gerade bei Müttern oft chronisch. Das führt oft auch zu einer schwierigen Stimmung, wenn mehrere Mütter beisammen sind. „Was, sie geht schon wieder arbeiten? Wenn ich so viel Unterstützung hätte wie sie, dann könnte ich es auch", denken wir uns. Und vielleicht ziehen wir uns in dem Moment in uns zurück und wirken auf die anderen abweisend, ja vielleicht sogar schnippisch.

Wenn wir uns darüber bewusst werden, wie oft wir im Abwehrmodus unterwegs sind, dann ist schon viel gewonnen. Wenn es uns gelingt, zu einem möglichst liebevollen Umgang mit uns selbst zu finden und offen zu sein für unsere eigene Traurigkeit, dann werden wir selbst weicher und aufmerksamer. Wir können dann in der Mütterrunde ein anderes Bild von uns selbst zeigen und können mitunter erstaunt sein, wie sich die Atmosphäre verändert.

Zuvor aber sind wir oft in Habachtstellung vor den anderen Müttern, weil wir wissen, wie verletzlich wir selbst sind. Wohl jede Mutter ist sehr verletzlich, ganz besonders in den ersten Jahren. Und wenn viele verletzliche Frauen an einem Tisch sitzen, kann es eine schwierige Runde werden. Doch wenn nur ein oder zwei Frauen einen Sinn dafür haben und diese Verletzlichkeit spüren und annehmen, anstatt sie abzuwehren, dann geht es vielleicht der ganzen Runde besser.

Wenn wir selbst unsere Verletzlichkeit bemerken und uns mit ihr aus-
einandersetzen, dann fühlen wir uns auch nicht mehr so leicht durch
die anderen Mütter verletzt, weil wir ein Gespür dafür bekommen, dass
auch sie sich an so vielen Stellen schwach fühlen. Die Schwäche wird
erst dann zum Problem, wenn wir sie abwehren. Wenn wir ihr jedoch
Raum geben, dann kann daraus sehr vieles entstehen: Mitgefühl, Ver-
ständnis, Kreativität und letzten Endes neue Stärke.

Mutterinstinkte bewahren

Als Mütter sind wir allzu leicht geneigt, bestimmte Vorstellungen vom Muttersein zu haben. Leicht sind wir enttäuscht, wenn wir unsere eigene Messlatte
nicht erreichen. Um hier entspannter zu sein, können Sie versuchen, neue Vorstellungen zu gewinnen:

* Muttergefühle sind zwar heiß ersehnt, aber sie stellen sich nicht immer ein.
  Sie sind phasenweise ganz verschwunden. Versuchen Sie nicht, sich selbst
  Gefühle aufzuzwingen, die Sie nicht haben. Im Stress geht manches Liebes-
  gefühl unter. Besser ist es oft, abzuwarten.
* Wenn Sie mit anderen Müttern zusammen sind, vergleichen Sie sich nicht
  zu sehr. Besinnen Sie sich auf das, was Sie selbst ausmacht, und beginnen
  Sie, sich selbst zu spüren mit allen guten und „schlechten" Gefühlen.
* „Es ist nichts falsch an Negativität", heißt es. Negative Gedanken und Ge-
  fühle haben ihren Sinn. Wenn Sie sie zulassen können, kann Ihnen das eine
  Menge Stress nehmen. Wichtiger als die Frage „Wie sollte es sein?", sind
  erst mal die Fragen „Wie ist es jetzt?", und „Warum ist es jetzt so?"

Mutter und Kind – die engste Beziehung, die jemals existiert hat

Im Wachen über das Kind träumen

Wenn wir Mütter beobachten, die ihr Baby auf dem Arm halten und mit ihm kommunizieren, haben sie oft einen nachdenklichen, ja träumerischen Blick. Unbewusst oder bewusst lassen sie die Phantasien über ihr kleines Kind schweifen:

„Es ist so energisch wie der Opa, es sieht oft aus wie meine Mutter. Oh, seine Händchen sind schon wieder kalt. Ob es schon Zeit für Handschuhe ist? Wie wird es wohl werden, wenn es groß ist? Ich bin so glücklich, dass ich mein Baby habe."

Das träumerische Nachdenken über das eigene Kind fördert die Bindung zwischen Ihnen und Ihrem Kind.

Die Mutter ist dabei mit dem Kind in einer ganz bestimmten Verbindung – sie atmet ruhig und das Kind empfindet die Mutter als weich und kuschelig. Auch das Kind hat vielfältige Phantasien – je nach Alter mit mehr oder weniger Worten. So kann auch das Kind herumträumen und schläft dabei vielleicht ein. Mutter und Kind genießen beide diese Form des Zusammenseins.

Wenn etwas Konkretes passiert, wenn jemand die Ruhe stört, dann ist es kurz aus mit dem Träumerischen. Das bewusste Denken ist nun wieder im Vordergrund und der Alltag geht weiter.

Der Kinderanalytiker Donald Winnicott sagte: „There is no such thing as a baby." Das heißt, dass Mutter und Kind auf gewisse Weise eine Einheit bilden und dass das Baby ohne die Mutter nicht existieren kann. Ist die Mutter entspannt, ist es das Kind auch. Wirkt das Baby zufrieden, so beruhigt es die Mutter. Die Mutter, die ihre Nase an den Kopf des Babys hält, wird dadurch genauso ruhig wie das Baby, das die Haut der Mutter riecht (Winnicott, 1947). Den meisten Müttern ist gar nicht bewusst, dass sie über ihr Kind träumen. Sie machen es einfach so, jeden Tag. Diese träumerische Haltung oder dieses „innere Spiel" bleibt ein Leben lang wichtig. Es wird sehr oft schwierig, wenn dieses träumerische Denken aus irgendeinem Grund nicht mehr funktioniert, z. B. weil die Mutter gestresst ist.

Wenn das Kind z. B. eine Fünf aus der Schule mit nach Hause bringt, dann neigen wir vielleicht dazu, rasch konkret zu werden: Wir suchen nach Lösungen und verbieten unserem Kind, länger als eine Stunde am Tag das Tablet zu nutzen oder fernzusehen. Wir engagieren rasch einen Nachhilfelehrer und bitten um einen Gesprächstermin bei der Lehrerin.

Doch mit diesen übereilten konkreten Maßnahmen ist niemandem geholfen. Das Kind, das die Note 5 in der Schule bekommt, denkt gleich: „Was wird Mama dazu sagen?" Wenn es eine Mutter hat, die rasch konkret wird, dann wird es sich vielleicht schon in der Schule die Folgen ausmalen, die seine Fünf diesmal haben könnte. Wenn es aber eine Mutter hat, die Beunruhigung aushalten kann und nachdenklich bleibt, kann auch das Kind entspannter nach Hause kommen.

Es ist spannend, über den eigenen inneren Zustand nachzudenken und die Phantasien zu erkennen, die wir haben: „Ist jetzt alles aus? Werden die Fünfen immer mehr werden? Werden Alkohol, Spielsucht und Kiffen die nächste Station sein?"

Je nachdem, woher wir selbst kommen und wie wichtig uns Bildung ist, werden wir mit Humor auf unsere eigenen Befürchtungen reagieren oder wir werden sie wörtlich nehmen und im Konkreten alles dafür tun, „dass so was nie wieder passiert!"

Wenn wir aber weiterhin im träumerischen Zustand bleiben können, dann helfen wir sowohl uns als auch dem Kind damit. Mütter, denen es gut gelingt, zu träumen, wissen davon oft gar nichts. Sie tun es automatisch, ohne dass es ihnen bewusst ist. Erst in meiner Ausbildung zur Psychoanalytikerin lernte ich bewusst, über den Patienten in träumerischer Weise nachzudenken. So kommt man zu Lösungen, an die man vorher „im Traum nicht dachte".

Wir können dann auch unserem Kind dazu verhelfen, träumerisch zu bleiben. Wenn es eine Fünf in Mathe hat, steht dem beruflichen Weg zum Mathematiker dennoch nichts entgegen. Die Schweizer Abfahrtsolympiasiegerin Dominique Gisin erzählt zum Beispiel, dass sie im Sportunterricht in der Schule nie besonders gut war (Sternstunde Philosophie, 15.3.2020).

Wenn unser Kind davon träumt, Mathematiker zu werden, ist es wichtig, dass wir als Mutter nicht gegen diesen Traum arbeiten – auch, wenn es schlecht in der Schule ist. Der Mathematikprofessor Martin Grötschel sagt: „Mathematik ist wirklich von jedem erlernbar." (Grötschel, 2015)

Schon Babys haben die Mathematik in sich. In Experimenten zeigen sie sich erstaunt, wenn ihnen eine bestimmte Anzahl an Bällen gezeigt wird, die dann in unlogischer Weise verändert wird. Das heißt, dass schon die Kleinsten eine Vorstellung von Mengen und Zahlen haben. Diese Vorstellung geht nicht weg, nur weil die äußere Note eine „Fünf" anzeigt.

Wenn wir es schaffen, zusammen mit unserem Kind träumerisch zu bleiben und nicht „endlich vernünftig" zu werden, dann können wir unserem Kind eine besondere innere Freiheit vermitteln. Wenn unser Kind weiß, was es will, was es glaubt und fühlt, was es sich wünscht und wohin es gehen will, dann folgt alles andere daraus ganz automatisch – auch dann, wenn es uns Müttern oft erst einmal „unrealistisch" erscheint.

Wir können üben, dass wir uns von äußeren Realitäten nicht zu sehr beeindrucken und verängstigen lassen. Je brenzliger es wird, desto wichtiger ist es, ruhig zu bleiben. Im Fernsehen hörte ich einmal einen Piloten mit besonderen Aufgaben sagen: „Auch uns Piloten wird es manchmal schlecht, schwindelig und bange, genau wie jedem anderen auch. Aber ich denke, der Unterschied ist, dass wir dabei ruhig bleiben und weiter nachdenken können."

Der Umgang mit Kinderarzt und Therapien

„Lasst Eure Kinder in Ruhe!" So heißt das Buch des Familientherapeuten Wolfgang Bergmann. Er beklagt unter anderem die frühen Therapien, die so vielen Kindern verordnet werden. „Je früher, desto besser!", heißt es überall. Oder „Es ist doch nur Therapie – das kann doch nicht schaden." Doch, Therapie kann schaden. Zu früh verordnete Sprach- oder Ergotherapie kann dem Kind nachhaltig das Gefühl geben, dass mit ihm etwas nicht stimmt, oder, dass es etwas aus eigener Kraft nicht hinbekommen hat (Bergmann, 2019).

Während einige Mütter sich dadurch entlastet fühlen, wenn ihr Kind eine Therapie bekommt, können andere sehr darunter leiden. „Was habe ich falsch gemacht?", fragen sie sich.

Als Mutter muss ich es dann zulassen, dass eine Therapeutin die Tür vor mir verschließt und mit meinem Kind etwas Eigenes hat. „Was wird das Kind wohl über mich erzählen?", fragt man sich da. Gefühle von Ohnmacht, Wut und Ratlosigkeit können aufsteigen, wenn der Therapeut vor unserer Nase die Tür verschließt und mit unserem Kind im Raum verschwindet.

„Bei mir hat das Kind einen geschützten Raum", hörte ich einmal eine Sprachtherapeutin sagen. Wie sie es betonte, klang es so, als hätte das Kind bei der Mutter keinen geschützten Raum. „Ach, und Sie meinen, bei mir hätte es den nicht?!", hätte die Mutter ihr am liebsten wütend entgegnet.

Die Therapie des Kindes kann von der Mutter als tiefe Kränkung empfunden werden. Die Mutter kann sich missverstanden fühlen. Wird die Mutter aufgefordert, an der Therapie mitzuwirken, können sich zu Hause viele Kämpfe ergeben.

Wenn das Kind schon wieder nicht die Sprachspiele machen möchte, die die Therapeutin verordnet hat, kann dies die Mutter-Kind-Beziehung stören. Nicht zu vergessen, dass auf dem Weg zur und von der Therapie auch Unfälle passieren können. Vielleicht muss der gewohnte Ablauf zu Hause oder der Mittagsschlaf unterbrochen werden, um zur Therapie zu kommen.

Auch bei psychischen Erkrankungen heißt es oft, es sei umso besser, je eher eine Therapie beginne. Das ist aus meiner Sicht oft nicht richtig. Einerseits kann es natürlich eine Entlastung sein, wenn das Kind eine hilfreiche Person außerhalb der Familie hat, auf die es sich verlassen und zu der es eine Bindung aufbauen kann.

Andererseits gehen viele Kinder und Jugendliche auch mit großem Misstrauen zu einer Psychotherapie. Manchmal können sie gar nicht verstehen, warum sie dorthin sollen. Gerade Psychotherapie ergibt dann Sinn, wenn ein großer Leidensdruck besteht. Findet die Therapie statt, bevor der Leidensdruck groß genug ist, kann sie ins Leere laufen.

Immer wieder erlebe ich auch, wie Kinder und Jugendliche von schwer belasteten Eltern in die Therapie kommen. Der Therapeut kann kaum etwas ausrichten, wenn das Kind nach der Therapie wieder zu einer schwer depressiven Mutter oder zu gewalttätigen Eltern zurückkehrt. Immer wieder erlebe ich, um wie viel besser es Kindern auf einmal geht, wenn die Mutter eine Psychotherapie begonnen hat.

Kinder und Jugendliche wollen ernstgenommen werden. Wenn ein Kind partout nicht zu einer psychotherapeutischen, krankengymnastischen oder ergotherapeutischen Therapie gehen möchte, dann sollten Eltern darüber nachdenken bzw. die Meinung des Kindes ernstnehmen.

Es gibt natürlich ernsthafte Erkrankungen, bei denen eine Therapie unumgänglich ist. Ich spreche hier jedoch von Therapien, bei denen es fraglich ist, ob sie zu diesem Zeitpunkt überhaupt sinnvoll sind. „Nein heißt Nein!", sagen Eltern ihrem Kind sehr oft. Und so sollte auch das „Nein" des Kindes ernstgenommen und mit ihm besprochen werden.

Die Angst, dass ein Kind zu spät mit einer Therapie beginnt, sitzt den Eltern immer im Nacken. „Wenn das jetzt schon so ist, wie soll das erst später werden?", fragen sie sich bange. Doch was heißt „zu spät"? „Sind wir nicht immer zu spät?", fragte mich einmal ein sehr erfahrener Kinderpsychiater. Wenn wir über die Schule nachdenken, während ein Kind noch im Kindergarten ist, dann malen wir uns Dinge aus, die häufig überhaupt nicht der zukünftigen Realität entsprechen.

„Wenn Ihr Kind jetzt nicht lernt, morgens in der Kita zu bleiben, dann wird es große Schwierigkeiten bekommen, später alleine in der Schule zu sein." Eine Warnung, die ich von unserer Erzieherin hörte. Ihre Prophezeiung wurde nie Wirklichkeit.

Es ist ein wenig so, als würden wir morgens um 10 Uhr denken: „Wenn unser Kind jetzt so munter und aufgedreht ist, wie soll das dann erst heute Abend um 20 Uhr werden? Wird es überhaupt schlafen können?"

Es ist, als würden wir einer Schwangeren im 3. Monat etwas über die Geburt erzählen. Das ängstigt sie enorm. Doch wenn sie im 9. Monat unter dem schweren Bauch ächzt, dann sagt sie: „Das Kind soll jetzt raus, ist mir egal wie!" Das Leiden hat mehr Gewicht bekommen als die Angst vor der Entbindung. Auch wir können uns mit 40 oder 50 Jahren vielleicht noch nicht das Sterben vorstellen, während wir mit 95 vielleicht gelassen gehen mögen.

Angst ist immer wieder etwas, das natürliche Verläufe wirklich zerstören kann. Die zu frühe Operation kann ein Kind ein Leben lang verfolgen. Es gibt zahlreiche Männer, die sehr darunter leiden, dass ihnen wegen einer Vorhautverengung die Vorhaut entfernt wurde. Viele Mütter sind sehr verunsichert – sie sehen ihr Kind leiden und oft kann den Kindern durch eine Operation ja tatsächlich rasch geholfen werden. Doch die Versuchung ist groß, zu sagen: „Ich bin das Cremen und das Gedöns einfach leid. Was weg ist, ist weg, dann besteht das Problem nicht mehr."

Doch oft wissen sie nicht, welch große Bedeutung die Vorhaut für viele Männer hat. Ein von Beschneidung Betroffener, Clemens Bergner (2015), hat darüber ein sehr berührendes Buch geschrieben: „Enthüllt".

Er beschreibt darin, wie wichtig die Vorhaut unter anderem für den Geschlechtsverkehr und die Selbstbefriedigung ist. Sie erhöht den Genuss sexuellen Erlebens. Klar ist sie schnell weggeschnitten. Doch diese Operation erleben Jungs oft als traumatisch. Sie können jahrelang bis ins Erwachsenenalter davon belastet sein, was sich oft nur in unbewussten und unverständlichen Reaktionen zeigt.

Frühe Therapien, Mandel-, Polypen- und Weisheitszahnoperationen, Zahnspangen, Beschneidungen und viele weitere Maßnahmen sind häufig für das Kind belastender, als wir es heute anerkennen. Es lohnt sich meistens, sich eine zweite Meinung einzuholen und auch den eigenen Verstand zu befragen. Viele Mütter lassen sich viel zu sehr von „Experten" beeindrucken und vergessen dabei, dass sie selbst und ihr Kind auch Gefühle, Vorstellungen und Ideen haben, die richtig sind.

Muttersein in Kindergarten und Schule

Muttersein bedeutet immer auch, sich mit Institutionen auseinanderzusetzen. Selbst wenn wir einen Kindergarten gründen oder uns für das Freilernen entscheiden, müssen wir uns mit den Strukturen beschäftigen, die wir hier vorfinden.

Die erste Institution, mit denen die meisten Mütter in Berührung kommen, ist das Krankenhaus, in dem das Kind geboren wird – es sei denn, die Mutter entscheidet sich für die Entbindung in einem Geburtshaus oder zu Hause. Schon im Krankenhaus sind Hierarchien deutlich spürbar: Es gilt, sich in gewisser Weise unterzuordnen. Das kann einerseits entlastend, andererseits belastend sein. Viele Mütter fühlen sich schon in der Schwangerschaft und bei der Geburt fremdbestimmt.

Auch im Kindergarten leiden wir häufig unter Fremdbestimmung: Wenn wir unser Kind pünktlich abholen müssen und gleichzeitig von der Arbeit nicht wegkönnen, dann spüren wir diese verflixte Zwickmühle, die sich oft nicht umgehen lässt. Wir wünschen uns, es wäre anders und regen uns auf. Wir werden vor Situationen gestellt, die sich nicht lösen lassen und in denen wir immer wieder abhängig sind von anderen Menschen.

Viele Mütter kommen gut mit der Kita zurecht – andere sind ständig ein wenig verzweifelt, weil sie ihr Kind eigentlich nicht dorthin geben möchten, aber sie es aus den verschiedensten Gründen tun müssen.

Das Schwierige an Kitas ist oft, dass die Erzieherinnen meistens nicht sehr gut ausgebildet werden im Fachbereich der Entwicklungspsychologie. Viele entscheiden sich für den Beruf, weil sei selbst eine schwierige Kindheit hatten. Sie möchten den Kindern die Wärme und Zuneigung zukommen lassen, die sie selbst so vermisst haben.

Da sie aber so gut wie keine psychologische Betreuung bekommen und unter geringer Bezahlung und auch ansonsten geringer Wertschätzung leiden, wird ihr Beruf ihnen leicht zum Frust. Er ist körperlich und emotional enorm anstrengend. Die Erzieherinnen können nicht die Ideale umsetzen, die sie anfangs hatten. Manchmal stehen sie dann – verständlicherweise – frustriert im Garten, rauchen und warten, dass die Zeit umgeht. Eine Bekannte mit mehreren Kindern sagte mir einmal: „Ich gebe meine Kinder nicht in rauchende Hände." Ein hartes Urteil. Sie hat ihre Kinder nicht in die Kita geschickt und das auch nie bereut.

Andererseits gibt es exzellente Kitas und private Initiativen, die fast keine Wünsche offenlassen, doch danach muss man manchmal lange suchen. Viele Eltern, die selbst Gruppen gegründet haben, engagieren sich sehr und gehen nicht selten bis an den Rand ihrer Kräfte. Die Kindergartenzeit ist für viele Eltern und Kinder eine herausfordernde Zeit. Und doch wissen viele zu schätzen, dass es diese Einrichtungen gibt – sie fühlen sich entlastet und können wertvolle Freundschaften knüpfen.

Für Kinder, die in desolaten Familienverhältnissen groß werden, ist die Kita häufig ein Segen und nicht selten auch die Rettung: Die gute Bindung an eine Kindergärtnerin (ich mag den Begriff „Er-zieherin" nicht) kann für viele Kinder das Schlupfloch in eine bessere Welt werden.

„Ich vergesse nie, wie die Erzieherin mit mir am Boden saß und mir zeigte, wie dieses Puzzle geht. Sie hatte wirklich Interesse an mir, sie mochte mich, das spürte ich genau. Es war das erste Mal in meinem Leben, dass ich so etwas wie Liebe spüren konnte. Ich glaube, es war der Beginn meines guten Weges. Sie weckte meine Lernlust und war mir ein sicherer Halt. Bis heute wird mir warm ums Herz, wenn ich an sie denke", erzählt ein „Arbeiterkind", das seinen Traum vom Studium verwirklichen konnte.

Wie auch immer es Ihnen gehen mag: Hier ist es wichtig, dass Sie Ihre Kraft sparen und Ihren Vorstellungen folgen. Manche Mütter haben regelrecht Angst davor, ihr Kind nicht in die Kita zu geben. Sie fühlen sich fast geächtet, wenn sie sagen, dass sie die Zeit mit ihren Kindern zu Hause genießen können. Sie können es sich vielleicht leisten und sind in einer beneidenswerten Position. Andere gehen an den Rand ihrer finanziellen Möglichkeiten und verzichten auf ihren sicheren Arbeitsplatz, weil es ihnen so wichtig ist, zusammen mit ihren Kindern zu Hause zu sein.

Viele Mütter finden es heute normal, ihre Kinder früh in die Kita zu geben. Doch insbesondere psychoanalytische Kindertherapeuten sehen es sehr kritisch, wenn kleine Kinder – vielleicht schon in den ersten Lebensmonaten – in die Kita gegeben werden. Häufig wird der Trennungsschmerz der Kinder nicht ernst genug genommen. Wenn sich die Kinder nach der Trennung in der Kita „beruhigen", so sind sie innerlich oft weiterhin gestresst, was sich in erhöhten Cortisolspiegeln im Speichel zeigt (Vermeer, van Ijzendoorn, 2006).

Doch langsam wächst das Bewusstsein, dass die Bindung an die Eltern oder an eine nahe Bezugsperson so wichtig ist wie gute Nahrung. Der kanadische Entwicklungspsychologe Gordon Neufeld schrieb schon früh kritisch über die „Gleichaltrigenorientierung" in Kindergärten und Schulen. Er sagt sehr richtig, dass Kinder eben noch keine Landkarte vom Leben in sich tragen. Nur die Erwachsenen haben die psychische Reife, die Kinder brauchen, um Halt zu finden (Neufeld, 2006).

Eine der bedeutendsten Aufgaben der Mutter ist es, unreife psychische Elemente des Kindes in reife Elemente umzuwandeln.

Das heißt, dass Kinder immer wieder in einer psychischen Welt leben, die möglicherweise der Welt des Traums ähnelt. Sie befinden sich manchmal in Traum-artigen Zuständen, leiden unter unsäglicher Angst, unter starken Impulsen und einem rätselhaften Empfinden, weil sie ihre inneren Zustände noch nicht einordnen können.

Wenn die Mutter sich dann des Kindes annimmt, es anschaut und sich in das Kind einfühlt, dann sortiert sie sozusagen seine psychische Innenwelt. Sie bleibt ruhig und findet Worte für das, was im Kind passiert.

Sie versteht das Kind und dieses Verstehen beruhigt wiederum das Kind. Die aufgeregte Innenwelt des Kindes wird ruhiger und das Kind findet selbst Symbole und Worte für das, was in ihm geschieht. Die Verbindung zum Verstand wird sozusagen hergestellt und das Kind lernt nachzudenken. Es ist ein Stück psychische Reife entstanden.

Wir Erwachsenen kennen das auch noch: Wenn uns etwas furchtbar aufregt oder ängstigt, dann können wir im Gespräch mit einem anderen Trost finden und die Dinge besser einordnen. Aus den unreifen psychischen Elementen (Alpha-Elemente) sind z. B. durch Gespräche mit einem vertrauten Menschen reifere Elemente (Beta-Elemente) entstanden, die wir nun handhaben können. Was vorher unaushaltbar erschien, wurde nun aushaltbar. Auf diesen Austausch sind insbesondere Babys und Kleinkinder angewiesen. Kitas können oft nicht in dem Maße für Bindungen zu Erwachsenen sorgen, wie es die Kinder benötigen. Das Dilemma verstärkt sich, weil die Kinder hauptsächlich mit gleichaltrigen Kindern zusammen sind. Es würde sich abschwächen, wenn auch 10-Jährige oder Jugendliche in der Gemeinschaft wären.

Selbst, wenn wir an unserer Situation gerade nichts ändern können, so können wir doch unser Kind besser verstehen, wenn wir darüber Bescheid wissen. Viele Erkältungsinfekte in Kitas entstehen nicht nur durch die Viren, die dort herumfliegen, sondern durch die geschwächte Immunbarriere, die durch den Trennungsstress entstehen kann. Wenn das Kind dann also wieder mit Fieber zu Hause bleiben muss, können wir vielleicht auch mit einem verständnisvolleren Blick auf das Kind schauen und darauf achten, ihm etwas mehr Nestwärme zukommen zu lassen.

In der Schule dann steht zunehmend der Leistungsdruck im Vordergrund. Gerade Mütter, die selbst vielleicht keinen höheren Bildungsabschluss haben, sind oft besonders besorgt. Sie überwachen gewissenhaft die Hausaufgaben und lernen engagiert mit den Kindern.

Doch manchmal ist spürbar, dass vieles vor allem aus Angst heraus geschieht. Es ist die Angst, das Kind könnte in der Schule nicht mitkommen, es könnte nicht aufs Gymnasium kommen, es könnte eine Rechen- oder

Lese-Rechtschreib-Schwäche haben, es könnte mit ADHS oder Asperger diagnostiziert werden und vieles mehr.

Die wichtigste Aufgabe, die wir heute vielleicht alle haben, ist es, diese furchtbare Angst allerorts herunter zu regulieren.

Genau diese Angst ist es, die einige Mütter dazu antreiben kann, schnell mit Zwang, übermäßiger Dominanz dem Kind gegenüber oder mit Wut reagieren können, wenn bei den Hausaufgaben oder den Noten etwas nicht dem eigenen Ideal entspricht. Auch hier können wir die Angst untersuchen und uns fragen: „Ist sie berechtigt? Hatten meine Eltern ebenfalls hohe Erwartungen an mich, die evtl. brutal von mir eingefordert wurden, falls ich diesen nicht entsprechen konnte? Verhalte ich mich vielleicht so, wie meine Eltern sich damals mir gegenüber verhalten haben?"

Ich las in einer Frauenzeitschrift einmal den Beitrag einer verzweifelten Mutter, die sich dem Stress der Grundschule kaum entziehen konnte. Hierzulande ist es anscheinend eine Katastrophe, wenn ein Kind nicht rechtzeitig „mit der Schere" umgehen kann – und auch diese Mutter wurde mit dieser „Entwicklungsverzögerung" des Sohnes ständig konfrontiert.

Die Mutter zog mit ihrem Kind aus beruflichen Gründen nach New York. Dort kam es in die Grundschule und ein paar Wochen später bekam die Mutter einen Brief mit den Worten: „Wir sind froh, Ihren Sohn in unserer Klasse zu haben." Von Schwierigkeiten über den Umgang mit der Schere habe sie nie wieder etwas gehört.

Ich denke, wir können uns alle selbst helfen, indem wir zwei, drei Schrittchen zurückgehen und die Dinge mit Abstand betrachten. Der beruhigende Satz früherer Kinderärzte „Das wächst sich aus" ist heute kaum noch zu hören. Doch es ist nicht weniger wahr geworden.

Viele Probleme, die sich gerade zeigen, vergehen wieder. Wir müssen unsere Kinder nicht mit Therapien jagen. Wir können viel öfter auch einfach einmal abwarten und nichts tun – für viele heute die größte Herausforderung, die es gibt.

Wenn wir uns immer wieder darin üben, gelassen zu bleiben, können wir während einer Schulzeit glatt zu Zen-Meistern werden. Schule bleibt immer aufregend und die Angst ist ein ständiger Begleiter – vor jedem Test, vor jeder Arbeit, vor jeder Klassenfahrt zeigt sie sich. Wir können aktiv nach Quellen der Zuversicht suchen. Die richtigen Menschen an unserer Seite sind unser wichtigster Schutz bei all dem Stress heutzutage.

Suchen Sie sich in Ruhe einen Kinderarzt, bei dem Sie sich mit Ihrem Kind wirklich gut aufgehoben fühlen. Nutzen Sie den Kontakt zu der Lehrerin, der Sie am meisten vertrauen. Bleiben Sie offen, neugierig und gelassen in dem Wissen, dass jede Institution unsäglich viele Gründe zum Aufregen bietet.

Es geht gar nicht anders, als dass unser Kind in Kindergärten und Schulen Ungerechtigkeiten und Über- oder Unterforderung erlebt. Eine Institution kann dem Einzelnen niemals ganz gerecht werden. Doch wenn wir offenbleiben und uns im Rahmen unserer Möglichkeiten engagieren, dann können wir unseren Kindern ein bisschen von der Last wegnehmen, die sie auf ihrem Lernweg erleben. Die Bindungsforschung und die Lernpsychologie wissen heute, wie gutes Lernen funktioniert. Es dauert, bis das Wissen in den öffentlichen Einrichtungen angekommen ist. Es braucht alles Zeit, aber es ist auf dem Weg.

Einzelkind-Mamas und Geschwisterkind-Mamas

Dieses Buch ist von einer Einzelkind-Mama geschrieben. Diejenigen unter Ihnen, die mehrere Kinder haben, werden das wahrscheinlich früh gemerkt haben. Nicht selten werden Sie vielleicht denken: „Ja, so kann man reden, wenn man nur ein Kind hat. Mit zwei oder mehreren Kindern sieht es ganz anders aus." Das kann ich mir so jedenfalls gut vorstellen und ich denke, dass dies auch eine kleine Schwäche dieses Buches ist: Die Geschwisterkind-Mamas kommen vielleicht zu kurz – einfach, weil ich bei Geschwisterkind-Mamas nur aus therapeutischer Erfahrung, jedoch nicht aus persönlicher Erfahrung, berichten kann.

Andererseits lasse ich meine Bücher gerne gegenlesen von befreundeten Familien mit mehreren Kindern und stelle fest, dass es unabhängig von der Kinderzahl eher um Gemeinsamkeiten und Verschiedenheiten bei den Grundhaltungen gibt. Beispielsweise habe ich die Grundhaltung, dass man sein Kind nicht zu früh in eine Kita geben soll, während andere Mütter hier gute Erfahrungen gemacht haben und darin kein Problem sehen.

Mütter suchen Gemeinsamkeiten mit anderen Müttern. Es beruhigt uns meistens, wenn wir auf Mütter mit ähnlichen Ansichten treffen. Ein Kind zu haben und großzuziehen bedeutet, sehr verletzlich zu sein, denn im Zusammensein mit den eigenen Kindern zeigt sich die eigene Psyche ganz offen. Wir können nicht mehr verstecken, wer wir sind. Wir geraten oft unter Stress und zeigen dann unser „wahres" Gesicht. Kinder berühren unsere eigene Vergangenheit, unsere eigenen Traumata, unsere Wünsche und Enttäuschungen.

Wir lassen uns gerade auch zu Beginn unserer Elternschaft allzu leicht verunsichern. Wenn wir mit Müttern zusammen sind, die ähnliche Umstände und Einstellungen haben wie wir, dann sind wir erleichtert.

Und so finden Mütter in verschiedenen Gruppierungen zusammen: Jungs- und Mädchen-Mamas, Zwillings-, Sternenkind-, Geschwisterkind-, Einzelkind-Mamas, berufstätige Mütter, Hausfrauen, Mütter aus verschiedenen Kulturen, Mütter von behinderten Kindern und viele andere Mütter mehr. Selbsthilfegruppen im Internet wie z. B. „Rehakids" oder ADHS-Gruppen sind stets aktiv.

Gerne rümpfen wir hier und da auch übereinander die Nase – das schweißt uns zusammen und stärkt unser Gruppengefühl in der Gruppe, in der wir uns gerade befinden.

Offenzubleiben und die Unterschiede auszuhalten, kann sehr schwierig sein. Manchmal haben wir fast das Gefühl, der Boden wackelt unter unseren Füßen, wenn wir nur selten gleichgesinnte Mütter treffen und uns in Gruppen wiederfinden, in denen wir uns nicht wohlfühlen.

Mütter, die sich irgendwann ein zweites Kind wünschen und dies aus welchen Gründen auch immer nicht verwirklichen können, finden sich in einer besonderen Situation wieder: Sie sind Einzelkind-Mamas wider Willen. Denn gegen

Einzelkind-Mamas gibt es viele Vorurteile: Das Einzelkind sei verwöhnt, das Muttersein sei doch ganz einfach, oder man wäre als Einzelkind-Mama ja gar keine richtige Mutter.

Diese Vorurteile tropfen auf den Schmerz der Mutter, die sich vielleicht nichts sehnlicher wünscht als ein zweites Kind. Sie hat also mit der eigenen Trauer zu kämpfen und mit den Bildern der anderen, die so oft gar nicht auf ihre Situation zutreffen.

Auf der anderen Seite stehen die Mütter, die drei, vier oder mehr Kinder haben. Sie kämpfen gegen das Bild der „asozialen" Familie, die nur auf das Kindergeld aus sei und immer wieder Vorteile hätte, z. B. weil Geschwisterkinder den begehrten Kindergartenplatz erhalten.

Egal, wie man's hat und macht, so ist es trotzdem „falsch". Doch auch hier können wir wieder einmal überprüfen, welche Vorurteile wir selbst haben und wie wir über uns selbst denken. Wenn sich in der Küche das Geschirr stapelt, weil wir es im Alltag einfach nicht anders hinbekommen, dann ist es gleich, ob wir alleinerziehend sind oder mehrere Kinder haben. Wir denken dann von uns selbst: „Das sieht ja asozial aus!"

Und so können wir vielleicht auch immer wieder über uns selbst schmunzeln. Alles, was die anderen denken und worüber wir uns aufregen, schlummert meistens auch als Gedanke in uns selbst. Wenn wir hier einen liebevollen und schmunzelnden Blick auf uns selbst richten können, werden die Unterschiede zwischen uns Müttern wieder kleiner.

Warum die Mutter innerlich genauso alt ist, wie das Kind

„Ich weiß nicht, was passiert ist! Eigentlich ging es mir ganz gut, aber plötzlich, von jetzt auf gleich, da kam der Zusammenbruch", sagt eine Patientin, die in einer psychotherapeutischen Klinik aufgenommen wird. Ihr geht es von außen betrachtet gut: Sie ist verheiratet, hat zwei Kinder, eine sichere Halbtagsstelle, ein halb abbezahltes Häuschen, einen zugewandten Ehemann und einen zuckersüßen Hund. Warum sagt diese Frau, dass sie von heute auf morgen zusammenbricht?

Bei genauer Befragung kommt heraus: Der Zusammenbruch kam um den 10. Geburtstag ihrer Tochter herum. Als die Patientin selbst 10 Jahre alt war, begann eine schwere Zeit für sie, in der ihre Mutter starb. Als Älteste von mehreren Geschwistern musste sie die Mutterrolle übernehmen. Zeit zum Trauern gab es nie. Die neue Situation kam einfach so daher und alles lief wie selbstverständlich weiter.

Der 10. Geburtstag der eigenen Tochter nun wirkte wie ein Trigger. Die Mutter fühlte sich wie in alte Zeiten zurück katapultiert. Ohne dass ihr dies bewusst war, fühlte sie sich selbst wieder wie ein zehnjähriges Mädchen.

Erstmals konnte sie nun den Zusammenbruch zulassen, der eigentlich schon damals hätte passieren „sollen", aber für den es keinen Platz gab. Vielleicht gerade dadurch, dass es der Mutter ansonsten so gut geht, konnte sie nun innerlich Raum dafür schaffen, die noch nicht bewältigte Situation von damals neu zu beleuchten.

Unbewusst befinden wir uns immer wieder im Alter unserer eigenen Kinder. So manches Schreibaby schreit, weil wir selbst vielleicht ein Baby waren, dessen Bedürfnisse nicht gut erfüllt wurden. Wenn wir nun unser eigenes Baby im Arm halten, erreichen uns alte Körpergefühle, die wir selbst hatten, als wir noch ein Baby waren. Das Schreien unseres eigenen Babys kann uns aus der Fassung bringen, wenn wir unbewusst

Und so geht es in jedem Lebensalter des Kindes weiter. Es kommen ruhige und unruhige Zeiten, aber wenn wir uns gar nicht mehr verstehen, dann können wir uns fragen: In welchem Alter ist mein Kind gerade und wie ging es mir selbst, als ich in diesem Alter war?

In Gesprächen mit Patienten ist es manchmal verblüffend, wie die Zahlen zusammenpassen. Wir können manchmal erstaunliche Zusammenhänge feststellen, indem wir uns selbst genau befragen. Dadurch können wir uns selbst auch ein bisschen helfen und vielleicht sogar neuen Halt finden. Unser Kind bringt uns immer auch dazu, uns unseren eigenen wunden Punkten aus der Kindheit zuzuwenden.

Wer Kinder hat, macht auch immer eine Reise in die eigene Vergangenheit. Um sich selbst und Ihr Kind besser zu verstehen, kann es hilfreich sein, dass eigene Leben genau zu erkunden.

- Fragen Sie sich ganz bewusst: Wie alt ist mein Kind jetzt und wie habe ich mich in dem Alter gefühlt?
- Schauen Sie Kinderfotos von sich an, sprechen Sie vielleicht mit Ihren Eltern und wecken Sie Ihr Interesse für die eigene Vergangenheit. So kann manches Rätsel, das Ihnen Ihr Kind aufgibt, gelöst werden.
- Phantasieren Sie ruhig über Ihr Kind und über Ihre Beziehung zu ihm: Was sind Ihre Träume? Woran erinnert Sie Ihr Kind? Welche Befürchtungen haben Sie? Wenn Sie Ihre eigenen Träume, Wünsche, Hoffnungen und Ängste bewusst erkunden, können Sie mehr inneren Abstand zu sich selbst und auch zu Ihrem Kind finden. Das führt zu mehr Offenheit für die verschiedenen Lebensmöglichkeiten und reduziert inneren Zwang.

Schwierige Gefühle verstehen und heilen

Schuldgefühle

Muttersein heißt schuldig sein. Sobald „eine Mutter geboren" wird, sind Schuldgefühle ihr täglich Brot. Sie ist „schuld", dass sie das Kind überhaupt auf die Welt gebracht hat, sozusagen ohne es zu fragen. Das heißt, aus psychologischer Sicht, dass alles Leid, das dem Kind geschieht, irgendwie ihre Schuld ist.

Es fängt schon in der Schwangerschaft an: Man kann sich für die Art des Schwangerwerdens schuldig fühlen. Manche Frauen haben einen so starken Wunsch nach einem Kind, dass sie eine Affäre eingehen oder dem Ehemann sagen, sie hätten die Pille vergessen. Andere gehen fremd und nicht wenige Frauen verheimlichen es ihrem Kind und ihrem Lebenspartner ein Leben lang, dass der biologische Kindsvater ein anderer Mann ist.

Kommt es zu einer Fehl- oder Totgeburt, fühlt sich die Frau ebenfalls schuldig. „Ich glaube, es lag daran, dass ich das Handy in der Schwangerschaft zu oft benutzt habe", sagt eine Mutter.

Behinderungen beim Kind sind gefühlt die Schuld der Mutter. Erst gar nicht schwanger werden zu können, kann genauso Schuldgefühle auslösen wie der Kaiserschnitt, der „doch nicht nötig geworden wäre, wenn ich doch dieses oder jenes getan oder unterlassen hätte", denkt die Mutter.

Auf unbewusster Ebene kann sich die Mutter sogar dafür schuldig fühlen, dass sie ein Kind mit „falschem Geschlecht" auf die Welt gebracht hat. Ob die Schuldgefühle vom Verstand her nachvollziehbar sind oder nicht – sie sind häufig tief in uns Müttern angelegt.

Schuldgefühle zu empfinden, ist höchst unangenehm. Sie passen manchmal so gar nicht ins Selbstbild.

Man möchte doch eine moderne Mutter sein und so, wie Gleichberechtigung „in" ist, so sind Schuldgefühle „out", möchte man meinen. Doch wer seine Schuldgefühle verdrängt, der bekommt leicht das Gefühl, dass da irgendwie etwas nicht stimmt, ohne es fassen zu können.

Schuldgefühle machen sich oft dann bemerkbar, wenn von außen etwas an uns herangetragen wird. Wenn Sie z. B. alleinerziehend sind und Ihr Kind unruhig ist, kann es sein, dass Ihnen jemand sagt, dass einfach der Vater fehle. Das macht Sie möglicherweise unglaublich wütend, Sie brausen auf und regen sich vielleicht über die schrecklich altmodische Einstellung auf.

Nun kann es aber sein, dass der Vater tatsächlich fehlt. In unserer Psyche ist das Vater-Mutter-Kind-Bild tief verankert, auch, wenn wir im Jahr 2020 (oder später) leben. Schließlich weiß jeder Mensch, dass er nur durch Mutter und Vater entstanden ist.

Psychologisch gesehen ist es für das Kind notwendig, dass es da einen „Dritten" gibt, der außerhalb der Mutter-Kind-Dyade steht und einen Ausweg bieten kann. Und dieses innere Modell des „Dritten", der als Retter daherkommen kann, haben wir auch noch als Erwachsene.

Wenn ich mich von einem anderen abhängig fühle und mit ihm alleine bin, kann sich das bedrohlich anfühlen, denn wenn ich mit dem anderen in Unfrieden gerate, geht es mir sehr schlecht. Wenn ich jedoch weiß, dass ich zur Not noch zu jemand anderem gehen kann, fühle ich mich erleichtert.

Wenn ich nun spüre, dass der Vater vielleicht wirklich fehlt – auch wenn ich es nicht wahrhaben will – dann kann es mich sehr verletzen, wenn jemand von außen diese Wahrheit anspricht. Es können dann leicht Schuldgefühle geweckt werden: „Wieso habe ich das Leben zu dritt nicht hinbekommen?", könnte ich mich fragen.

Natürlich wissen wir dabei aber auch, dass unsere Vergangenheit, die Zufälle, das Schicksal, das Leben stärker waren als unser Wunsch. Wir sind in diese Situation geraten, auch, wenn wir selbst vielleicht den Partner verlassen haben und auch, wenn wir uns selbst ein Leben zu dritt oder viert gewünscht hätten.

Es fühlt sich leicht so an, als sei der, der da draußen die Wahrheit ausspricht, schuld an der inneren Aufregung. Im Grunde aber werden häufig nur die eigenen Zweifel aktiviert, die tief in uns liegen.

Wer „Schuld" hat, der hat bewusst etwas getan oder etwas unterlassen, was zu Schaden geführt hat. Manchmal müssen wir uns „schuldig" fühlen, weil wir eben Mensch sind. Das Baby, das zur Welt kommt, bereitet der Mutter Schmerzen. Aber es ist nicht seine „Schuld". Wenn wir unsere Eltern verlassen, tun wir ihnen weh damit, aber wir müssen es tun, um uns selbst weiterentwickeln zu können.

Wenn wir als Mädchen zur Welt kamen, obwohl wir ein Junge hätten sein sollen, können wir uns ebenfalls schuldig fühlen – obwohl wir nichts dafür können.

Bei der Schuldfrage suchen wir nach deutlichen Ursache-Wirkungs-Zusammenhängen. Aber das ist oft müßig. Selbst bei Naturkatastrophen wird rasch nach den „Verantwortlichen" und den „Schuldigen" gesucht, die falsch reagiert hätten, wodurch Menschen zu Schaden gekommen seien.

Wenn wir einen Schuldigen suchen, dann tun wir das, um unserer Ohnmacht Herr zu werden. Und wenn wir uns selbst schuldig fühlen, haben wir das Gefühl, aktiv zu sein. Wir haben etwas getan und haben dadurch das Unglück herbeigeführt, so meinen wir. Das hat etwas Entlastendes – wir haben dann etwas zum Anfassen.

Uns schuldig zu fühlen ist für uns manchmal leichter auszuhalten, als zu bemerken, dass wir tatsächlich keine Schuld haben. Manchmal ist es fast ein Größenwahn, wenn wir uns für alles Mögliche schuldig halten. Denn ohne Schuldgefühle spüren wir, dass wir im Leben so vielen Dingen ohnmächtig ausgeliefert sind. Für so vieles können wir eben ganz und gar nichts. Das heißt, die Dinge sind uns geschehen oder zugefügt worden, ohne dass wir auch nur irgendetwas dazu beitragen konnten.

Das Gefühl der Hilflosigkeit ist oft so schwer auszuhalten, dass wir uns sozusagen lieber schuldig als ohnmächtig fühlen.

Das gilt besonders auch für den Bereich der psychischen Erkrankungen oder sogenannten „Schwächen" beim Kind. Mütter haben ganz furchtbare Angst, dass sie selbst schuld sind an der psychischen Erkrankung ihres Kindes.

Doch auch hier ist „Schuld" das falsche Wort. Wenn ich einen Virus in mir trage und stecke mein Kind an, dann hat mein Kind das Virus von mir bekommen, aber ich bin nicht schuld daran. Die Existenz des Virus ist schuld. Ich war dem Geschehen ausgeliefert, auch wenn ich mir noch so oft die Hände gewaschen habe – gegen diese natürliche Übermacht kann ich selbst kaum etwas tun.

Und es gibt so viele Gründe, sich schuldig zu fühlen. Eltern von Kindern mit Neurodermitis sind häufig schwer belastet, weil sie das Gefühl haben, sie hätten ihr Kind nicht richtig ernährt oder sie hätten als Elternpaar zu viel gestritten und dem Kind dadurch ein Gefühl von Nicht-Geborgensein vermittelt, was sich auf der Haut zeigt.

Viele Eltern von Kindern mit ADHS (Aufmerksamkeitsdefizit-Hyperaktivitätsstörung) bekommen ein schlechtes Gefühl, wenn sie lesen, dass die Trennungsraten bei Eltern von Kindern mit ADHS höher sind als bei Kindern ohne ADHS (Insa et al., 2018). Trennten sich die Eltern, weil sie über ihr unruhiges Kind in Streit gerieten? Oder wurde das Kind unruhig, weil sich die Eltern trennten?

Eltern von Kindern mit ADHS wehren sich in der Regel immens dagegen, dass sie etwas mit der Unruhe ihres Kindes zu tun haben könnten. Die Forschung sagt, dass die Gene schuld sind und dann „ist das eben so!". Die Abwehr ist oft so stark, weil eben unter der Oberfläche doch noch häufig Schuldgefühle schlummern, die sich einfach nicht ausmerzen lassen.

Schuldgefühle können uns an unserer Weiterentwicklung hindern. Wenn Mütter zu große Schuldgefühle haben, dann nehmen sie sich oft die Chance, ihren Kindern wirklich zu helfen.

Die meisten Mütter, die eine Psychotherapie beginnen, berichten häufig, dass es ihren Kindern plötzlich besser geht. Wenn ich als Mutter selbst eine Mutter hatte, die in meiner Kleinkindzeit nicht einfühlsam sein konnte, dann trage ich dieses Erbe in mir. Ich bin vielleicht emotional nicht so ansprechbar, wie es mein Kind von mir bräuchte.

Mütter mit einer postpartalen Depression sind oft zutiefst betroffen, wenn sie in der Therapie Videos von sich und ihrem Kind anschauen. Die Mutter kann z. B. mimisch nicht so auf das Kind antworten, wie das Kind es bräuchte. Das macht das Kind unruhig. Aber die Mutter kann nichts dafür! Denn hier geht es um Bereiche, in denen man nicht leisten und nicht wollen kann. Ich kann meine feine mimische Muskulatur nicht bewusst steuern, ich kann mich nicht auf Befehl freuen oder in mein Kind einfühlen, vor allem dann nicht, wenn ich selbst kein ausreichendes Mitgefühl erfahren habe.

Und so kann es ähnlich sein wie mit der Virusgeschichte, dass ich an der „Störung" meines Kindes beteiligt bin, aber dass ich daran nicht schuld bin. Über unser Unbewusstes haben wir keine Kontrolle. Wir geben weiter, worunter wir selbst gelitten haben. Was immer uns an Gutem und Schlechtem widerfahren ist, das können wir unserem Kind weitergeben – wir sind da ein Stück hilflos.

Der Trick besteht nun darin, sich dem Gegebenen zu untergeben. Wenn ich mich verschließe und sage: „Ich kann da nichts für! Die Gene sind schuld!", dann komme ich in eine Sackgasse. Ich fühle mich vielleicht im ersten Moment erleichtert, aber irgendwie schleppt sich eine Schwere mit, die mich nicht loslässt.

Wenn ich aber versuche, neugierig und offen zu bleiben, dann habe ich ungeheuer viel gewonnen. Ich kann mich fragen: „Wie fühle ich mich? In welchen Situationen fühle ich mich an meine eigene Kindheit erinnert? Welche Dinge an meinem Kind machen mir Angst? Wo fühle ich mich schuldig und wo ohnmächtig? Könnte es mir helfen, wenn ich mich mit meiner Vergangenheit auseinandersetze?"

Wir werden weicher und flexibler, wenn wir verschiedene Sichtweisen berücksichtigen, aber auch, wenn wir innere Schmerzen zulassen. Dann können wir eher darüber nachdenken, was ein anderer sagt, anstatt uns mit Enttäuschung und Wut über die „Dummheit" des anderen zurückzuziehen.

Wir können dann neue Sichtweisen entdecken, von denen wir vielleicht sogar dachten, dass sie uns schaden. Und dann merken wir hier und da vielleicht sogar, dass uns die neuen Sichtweisen erleichtern. Vielleicht gelingt es mir, meine Traurigkeit wieder zu spüren und mich trösten zu lassen. Dadurch werde ich weicher und ich merke vielleicht, wie auch mein Kind dadurch ruhiger wird.

Vielleicht stehe ich zu meiner depressiven Phase und bemerke dann, dass mein Kind nicht mehr das Gefühl hat, es müsse mich durch seine Überaktivität anregen oder durch zu große Anpassung schonen.

Sobald es Worte für die Probleme gibt, kommt häufig die Erleichterung. Eckhart Tolle, Autor des weltberühmten Buches „Jetzt! Die Kraft der Gegenwart", sieht für vieles die Lösung in einer klugen Art der Kapitulation. „Surrender!", sagt er immer wieder. Wenn ich mich nicht mehr gegen die Dinge wehre, sondern offenbleibe, dann dürfen sie plötzlich sein. Und ich selbst muss nicht immer wieder weglaufen – vor den Worten der anderen oder vor Zeitungsartikeln, die mich verunsichern (Tolle, 2018).

Vielleicht ist die Kombination von Neugier, Offenheit und Hingabe ein gutes Mittel gegen das Schuldgefühl. Wenn wir unser Schuldgefühl zulassen, können wir vielleicht etwas verspielter und auch humorvoller damit umgehen. Wir müssen uns dann nicht mehr so sehr fürchten, dass wir uns durch die Bemerkung eines anderen schuldig fühlen.

Über die Kunst der Abgrenzung

„Ich habe endlich einmal ‚Nein' gesagt", erzählt eine Mutter stolz, die seit einigen Wochen eine Psychotherapie macht. Im Zuge ihrer Bemühungen, sich abzugrenzen, wollte sie erst einmal lernen, ‚Nein' zu sagen.

„Ich durfte als Kind nie ‚Nein' sagen", erzählen manche. Es drängt sie, eine neue Erfahrung zu machen, und sie wollen wissen, was passiert, wenn sie sich einmal widersetzen.

Kleine Kinder entwickeln ihr „Nein" in der Zeit, in der sie auch ihr „Ich" entwickeln und zum ersten Mal „Ich" sagen, anstatt ihren Vornamen zu nennen. Dabei haben sie es oft nicht leicht: Während die erwachsene Mutter sagt: „Nein heißt Nein!", wird das Nein des Kindes oft nicht ernst genommen. Wenn es „Nein" zu Mütze oder Schuhen sagt, werden ihm die Dinge einfach übergestülpt.

Gerade Mädchen neigen dazu, sich eher anzupassen und „Ja" zu sagen, wenn sie meinen, der andere möchte es gerade so. Doch im tiefsten Inneren spüren sie ihr „Nein", das heißt, sie bekommen schon mit, dass sie „Ja" sagen, weil der andere es so will. Oder besser gesagt: weil sie meinen, dass der andere es so will.

So treffen sich zwei Freundinnen, obwohl beide keine Lust zu dem Treffen haben. Doch beide denken, die andere wolle es so und wäre durch ein „Nein" verletzt gewesen.

Viele lernen oftmals erst im weit fortgeschrittenen Alter oder in einer Psychotherapie, „Nein" zu sagen, und sind stolz darauf – was allerdings bei den Familienmitgliedern, Freunden und Kollegen nicht immer gut ankommt. „Da muss ich jetzt eben durch", denkt man sich.

Doch mit der Zeit spürt man vielleicht: Durch das beständige Neinsagen werden die Dinge nicht unbedingt besser. Denn oftmals erfolgt das Nein zu rasch. „Ich will bloß nicht so werden wie meine Mutter", sagen wir und machen das Gegenteil von dem, was die Mutter denken, sagen oder tun würde. Dadurch machen wir uns jedoch völlig abhängig von ihr. Wir können so nie frei sein, weil wir darauf bedacht sind, nicht so zu sein wie unsere Mutter.

Doch frei ist, wer „Ja" sagen kann, obwohl der andere „Ja" sagt. Und hier sehe ich häufig, dass vielen Müttern die Freiheit fehlt, ein wirkliches „Ja" auszusprechen. Viele „Ja" kommen aus dem unbestimmten Gefühl, dass der andere es so erwartet. Dabei vergessen wir mehr und mehr, wie wir uns selbst fühlen und was es bedeutet, ein wirkliches „Ja" zu empfinden und auszusprechen.

Die Sache mit dem „Nein" wird von Klienten und Patienten in Coachings und Therapien schnell verstanden. Doch das echt gemeinte „Ja" scheint das wirkliche Problem zu sein.

Nicht selten stecken wir heute in einer Art „Abgrenzungsmanie". Jeder will sich „abgrenzen", weil er Angst hat, vom anderen ausgenutzt, übergangen oder verletzt zu werden. Wenn wir jedoch ständig über unsere Abgrenzung nachdenken, dann führen wir ein ziemlich anstrengendes Leben.

Denn was, wenn es gar nicht die Absicht des anderen ist, uns auszunutzen? Was, wenn der andere vielleicht einfach nur erleichtert ist, wenn wir ihm helfen? Manchmal nehmen wir die Dinge aus lauter Furcht vor dem Ausgenutztwerden anders wahr, als sie sind.

Wir schätzen unsere Mitmenschen mitunter als energieraubend, „toxisch", schädlich oder grenzüberschreitend ein, weil wir so viel dazu gelesen haben und weil wir einen Grund für unsere Erschöpfung suchen.

Wenn wir uns selbst aber einmal anschauen, dann merken wir, dass wir den anderen weder „ausnutzen", noch, dass wir ihm schaden wollen.

Doch Beziehungen sind komplex und manchmal kommt sich ein anderer ausgenutzt vor, obwohl es nicht unsere Absicht war, ihn auszunutzen. Wir können uns behelfen, indem wir versuchen, unsere Annahmen über den anderen nicht immer für absolut wahr zu halten. Wenn wir uns ausgenutzt fühlen, dann vielleicht deshalb, weil wir an dieser Stelle wirklich lieber „Nein" als „Ja" gesagt hätten.

Das heißt übersetzt. Wir haben unsere innere Grenze nicht feinfühlig genug wahrgenommen oder wir trauten uns nicht, zu ihr zu stehen. Wir können davon ausgehen, dass der andere eine ebenso große Angst hat, uns zu verletzen, wie wir befürchten, den anderen zu verletzen. Wenn wir also ehrlich „Ja" oder „Nein" sagen und wir das Gefühl haben, dem anderen damit wehzutun, dann können wir das zum Ausdruck bringen. Wir können dem anderen zeigen, dass wir ihn respektieren, und dann können wir „Ja" oder „Nein" sagen, wie es uns entspricht.

Die Einsamkeit des Mutterseins verstehen

„Ich fühle mich so allein." – „Aber Du hast doch Dein Kind!" Zwei typische Sätze zwischen zwei Freundinnen. Wie kann man jemandem erklären, dass man sich im Beisein des Kindes völlig verloren fühlen kann?

Einsamkeit ist nicht unbedingt ein Gefühl, dass nur im Alleinsein entsteht – wir alle kennen wohl die Einsamkeit, die wir im Zusammensein mit dem Partner oder in einer Gruppe empfinden können. Einsamkeit ist ein innerer Zustand, der sehr stark mit dem Gefühl von fehlender Freiheit, Sinnhaftigkeit und fehlendem Verstandenwerden zusammenhängt.

„Wenn mein Kind beim Vater oder in der Schule ist, dann fühle ich mich manchmal weniger einsam, als wenn es bei mir ist", sagt eine Mutter. Das liegt wahrscheinlich schlicht daran, dass sie sich dann frei bewegen kann und somit wieder die Verbindung zu sich selbst findet.

„Wenn meine Kinder in der Schule sind, dann kann ich endlich aufatmen. Ich kann mich noch mal hinlegen und schlafen oder ich kann ganz in Ruhe meiner Arbeit nachgehen. Ich bin dann wieder bei mir selbst und mit mir selbst verbunden. Darum fühle ich mich weniger einsam, wenn mein Kind weg ist", erklärt eine Mutter.

„Wenn ich bei meiner Arbeit angekommen bin, dann kann ich erst mal entspannen. Die Arbeit ist für mich reinste Erholung." Ich konnte diesen Satz meiner Kollegin nicht verstehen, bis ich selbst Mutter wurde. „Arbeiten ohne Kind ist wie Urlaub haben!", so begrüßte ich meine Kollegen in einer kinderfreien Woche. Nirgends pünktlich sein müssen, nur das Essen kochen, das mir selbst gerade schmeckt, keine Tränen unterdrücken müssen vor dem Kind, telefonieren können, solange ich will, Sätze zu Ende denken, Zeitungsartikel lesen, Nickerchen machen – herrlich! Und bei der Arbeit keine Kind-Terminpläne im Kopf haben. Das ist eine Befreiung.

Und mit der Befreiung vergeht das Einsamkeitsgefühl, denn Einsamkeit bedeutet oft auch, sich wie in einem Gefängnis zu fühlen und viele Dinge machen zu müssen, die einem selbst nur wenig Freude bereiten.

Nicht im Regen auf dem Fußballplatz stehen zu müssen, nicht vor der Musikschule im kalten Auto zu frieren, nicht mit Erkältungsviren zu Hause eingeschlossen zu sein. Das alleine lässt das Einsamkeitsgefühl oft völlig verschwinden.

Doch Einsamkeit hat viele Gründe. Vielleicht hatte man früher einmal die Phantasie: Wenn ich erst einen Partner, Kinder, Familie habe, dann werde ich nicht mehr einsam sein. Und dann ist es so weit und man plagt man sich mit furchtbaren Sorgen herum. Viele Paare bleiben nur noch wegen der Kinder zusammen, haben aber innerlich gekündigt.

Das hundertste Playmobil-Spiel lässt den Rücken schmerzen und die Gedanken kreisen. Nun hat man also das, von dem man sich die Befreiung von der Einsamkeit wünschte und merkt, dass es eben nicht so gekommen ist, wie man sich erhofft hatte. Das kann Angst machen: Was, wenn ich mich immer so einsam fühlen werde? Heißt das, dass Einsamkeit einfach auch ein Teil von mir ist, der vielleicht ein Leben lang zu mir gehört, egal, was draußen passiert? Heißt das, dass Einsamkeit vielleicht etwas tief Menschliches ist, das in einem ist oder das in Phasen immer wiederkehrt?

Auf der anderen Seite gibt es viele Momente der tiefen Verbundenheit. Wenn Mutter und Kind sich beide frei fühlen und in ihrem Tun versunken sind, dann ist das ein wunderbares Gefühl.

Der Kinder-Analytiker Donald Winnicott sprach vom „Alleinseinkönnen im Beisein eines Anderen" (Winnicott, 1958). An diesen Ausdruck musste ich immer denken, wenn ich in der Küche backte und mein Kind in Sichtweite mit ihren Puppen und Bausteinen spielte. Sie brabbelte in ihrer Kindersprache und ich genoss gedankenversunken den ruhigen Moment.

Ich denke, dass diese Momente des „Alleinseins zu zweit" zu den schönsten im Leben gehören. Auch wenn die Kinder gemeinsam draußen ins Spielen kommen und ich selbst als Mutter drinnen meine Arbeit machen kann, ist das so ein Raum des Friedens, wie er sich sonst nur selten finden lässt.

„Kinder zu haben ist oft dann am schönsten, wenn sie schlafen, im Spiel versunken, oder bei anderen sind. Zu wissen, ich habe ein Kind, aber es ist gerade nicht da und ich muss mich weder kümmern noch sorgen, ist ein wunderbares Gefühl", sagt eine Mutter.

Und schließlich gibt es natürlich die gemeinsamen Momente, in denen wir als Mutter mit unserem Kind, unseren Kindern mit oder ohne Vater ein Erlebnis teilen, indem wir zusammen essen, spielen, zusammen reisen oder mit der Achterbahn fahren. In solchen Momenten kann die Einsamkeit vergessen sein.

Werden die Kinder größer und ist ihr Auszug von Zuhause langsam schon vorstellbar, kehren die Gedanken an die Einsamkeit manchmal zurück. „Ich hätte nie gedacht, dass ich so sehr unter dem Empty-Nest-Syndrom leiden würde", erzählt mir eine Einzelkind-Mutter, deren Sohn gerade von zu Hause ausgezogen ist. Sie hat sofort Tränen in den Augen.

Da hat man seine ganze Kraft in das Großziehen seines Kindes, seiner Kinder gesteckt und plötzlich sind sie weg. „Weg" können sie auch in dem Sinne sein, dass sie sich in sich selbst zurückziehen, dass sie einen langen Auslandsaufenthalt planen oder sich undankbar zeigen.

In welcher Form uns auch immer die Einsamkeit begegnet: In den Momenten, in denen wir uns einsam fühlen, sind wir zutiefst auf uns selbst zurückgeworfen. Wir sind Mensch und merken wieder, dass wir ein Individuum sind. Nur wir selbst spüren unsere ureigene Last der Vergangenheit und Gegenwart mit den ganz eigenen, hochspeziellen Problemen, die exakt so niemand anders kennt.

Der Gedanke, dass wir ein Kind oder mehrere Kinder haben, kann manchmal tröstlich sein und uns die Einsamkeit nehmen, manchmal überhaupt nicht helfen und manchmal das Gegenteil bewirken: Wir fühlen uns noch unfreier und noch einsamer und manchmal denken wir darüber nach, wie unser Leben verlaufen wäre, wenn wir einfach keine Kinder bekommen hätten.

Und doch ist das Einsamkeitsgefühl etwas, das alle Menschen miteinander verbindet. Sie werden sich in diesem Buch vielleicht an manchen Stellen verstanden fühlen, weil Sie sich ähnlich fühlen wie ich, während ich schrieb. An anderen Stellen werden Sie vielleicht den Kopf schütteln und denken, dass bei Ihnen alles ganz anders ist.

Das Muttersein ist etwas, das uns Mütter verbindet. Das kann sich wohlig anfühlen. Es kann aber auch sein, dass Sie sich völlig entfremdet fühlen, dass Sie meinen, Sie seien die einzig komische oder richtige Mutter dieser Welt. Besonders einsam kann man sich als Mutter unter anderen Müttern fühlen, wenn diese in einem ganz anderen Film zu sein scheinen als man es selbst gerade ist.

Die Muttergefühle beginnen bei vielen, sobald der Schwangerschaftstest positiv ist. Und auch Mütter, die ihre Kinder schon in der Schwangerschaft oder danach verloren, werden immer Mütter sein. Mutterwerden ist ein enormer

Reifeschritt. Der Komponist Giovanni Pergolesi (1710-1736) hat das mittelalterliche Gedicht „Stabat Mater" in eine wunderschöne Melodie gefasst (1736: Stabat mater dolorosa = Es stand die Mutter im Schmerz [neben dem Kreuze Jesu]).

Maria, die neben ihrem Sohn am Kreuz weint, empfindet tiefen Schmerz. Dieser Schmerz kann auch symbolisch verstanden werden: Das Mutterwerden schmerzt ebenso wie das Muttersein. Und auch die unvermeidlichen Trennungen tun weh.

Auch hier hilft es, die ganze Gefühlspalette innerlich zuzulassen. Das macht den Reichtum des Mutterseins aus und zu diesem Reichtum gehört auch die oft tiefe Einsamkeit.

Wer einsam ist, fühlt sich oft zeitlos einsam. Menschen mit schweren Depressionen suchen manchmal den Tod, weil sie sich so unvorstellbar einsam fühlen. Gleichzeitig gibt es auch eine Verbundenheit, die nur gerade nicht gefühlt werden kann. Die Einsamkeit fühlt sich oft ewig an und doch ist es eben nur eine Phase oder eine Zeitspanne, die natürlich sehr lange dauern kann, aber sehr wahrscheinlich auch wieder ein Ende finden wird.

In der entzückenden kanadischen Serie „Elternalarm – die Familie Parent" (2008-2010) planen die Eltern, zu zweit auszugehen. Sie suchen sich mühselig ein Datum aus, überlegen, wer als Babysitter einspringen könnte und welche Termine sie dazu absagen müssten. Sie geraten in Streit, weil es immer an irgendeiner Stelle hapert. Schließlich resignieren sie und sagen: „Wir stecken hier die nächsten 20 Jahre einfach fest!"

Wer Mutter wird, merkt unter Umständen rasch, auf was man alles verzichten muss: Verabredungen mit den Freundinnen und sogar Telefonate klappen manchmal nicht mehr, weil jeder einen anderen Rhythmus hat und zu einer anderen Zeit müde ist. Der Beruf ist nebenher auch nicht so gut durchzuführen, wie der Chef es einst in Aussicht stellte, und der Vater ist oft entweder arbeiten, nicht mehr da oder schon bei seiner neuen Frau.

Da bekommt das Kind innerhalb weniger Monate die zehnte Erkältung und man kann die Termine, auf die man sich so gefreut hat, wieder absagen. Manchmal ist es wirklich frustrierend, wenn wir sehen, was wir alles nicht mehr tun können. Die Vorstellung, in einem Gefängnis zu sitzen, liegt da oft nicht fern. Erst im Laufe der Jahre gewinnt man wieder mehr Freiheit. Wenn Sie sich also einsam und wie in einem Gefängnis fühlen, glauben Sie nicht, Sie machten etwas „falsch". Die Wahrscheinlichkeit ist groß, dass sich in diesem Moment unzählige andere Mütter und Väter auf dieser Welt ebenso fühlen.

Aggressionen sind lebensnotwendig

Als Jugendliche dachte ich noch: Nur Mutter und Vater sind böse. Ein paar fiese Lehrer vielleicht, einige Mitschüler und natürlich die ganzen Verrückten aus den Nachrichten, die Amok laufen und die Welt zerstören, sind böse. Doch schon bald, nachdem ich als Studentin meine Psychoanalyse begann, wurde mir bewusst: In mir ist Sodom und Gomorrha, auch ich bin böse!

Wer sein Unbewusstes langsam kennenlernt, dem wird erst einmal klar, wie oft er neidisch, eifersüchtig, hasserfüllt, aggressiv und voller Todeswünsche ist. Wie leicht denken wir: „Ich könnte sie/ihn killen!" Unser Unbewusstes zeigt sich im Traum und die meisten Menschen sagen, dass sie überwiegend schlechte Träume haben oder Albträume, in denen Verfolgung und Bedrohung, Sterbeszenen und Diebstahl vorherrschen.

Das Paradoxe ist: Wir können nur „gut" werden, wenn wir erkennen, wie „böse" wir sind. Denn ansonsten schieben wir das Böse immer weg und schreiben es anderen zu. Wir glauben, nur der Partner sei böse und tyrannisiert uns, wir zählen die Boshaftigkeiten unserer Schwiegermutter auf und die Fehler, die die Lehrer unserer Kinder ständig machen. Je weniger Kontakt wir zu unserem eigenen Unbewussten haben, desto mehr sehen wir das Böse im Außen.

Wenn wir einmal in einer Mütter-Runde stehen und genau darauf achten, was da eigentlich passiert, dann sehen wir, wie boshaft Mütter untereinander sein können. Oft ganz versteckt und subtil – doch nach so manchem Treffen mit Freundinnen kehrt man Heim wie ein Kriegsverletzter nach einer Schlacht.

Ähnlich weiter geht es in der Pubertät: Unser Kind wirft uns Dinge vor, da erkennen wir uns im Leben nicht wieder. Doch kann es sein, dass wir blind sind für unsere eigenen Schwächen?

Auf Facebook, Twitter und Co. geht es immer wieder darum, wie narzisstische Menschen uns schaden können. Interessanterweise sind dabei immer nur die anderen Menschen narzisstisch.

Ich finde es äußerst wichtig, sich mit der eigenen Innenwelt auseinanderzusetzen. Die meisten Menschen, die eine Psychoanalyse beginnen, sind häufig erst einmal entsetzt: „Ich komme hierher, weil es mir schlecht geht und weil mir schlimme Dinge widerfahren sind. Und jetzt fühle ich mich hier zunehmend schlechter und Sie scheinen gar nicht zu sehen, was mir die anderen angetan haben!", sagen manche Patienten.

Erst mit der Zeit bemerken sie, dass beides Hand in Hand geht: Das, was einem angetan wurde, ist das, was einen selbst verbittert, „böse" und aggressiv gemacht hat.

Wenn wir uns mit dem eigenen Aggressiven auseinandersetzen, dann kommen uns immer wieder auch Szenen in den Sinn, die diese Aggressionen in uns auslösten. Wenn wir eine depressive Mutter hatten, die uns oft anschwieg, dann gehen wir an die Decke, wenn ein anderer Mensch eine Pause braucht und gerade nicht ansprechbar ist für uns. Wenn wir einen Bruder hatten, der offensichtlich bevorzugt wurde, dann werden wir schon eifersüchtig, wenn unser Partner nur den Namen einer anderen Frau erwähnt.

Wir werden „böse" durch Mangelerfahrung.

Wir wollen uns nicht defizitär fühlen – daher setzen wir uns auch nicht gerne mit unserem Mangel auseinander. Doch jeder von uns hat Mangelerfahrungen gemacht, die ihn allzu sehr schmerzen. Wir alle haben viele unbewusste aggressive Wünsche in uns: Der Vater möge doch endlich sterben, die schwangere Freundin möge doch auch eine Fehlgeburt erleiden, das Haus der verhassten Nachbarn soll doch endlich mal abbrennen.

Kaum zu glauben, dass wir so was denken könnten. Doch nur, wenn wir uns unserer Phantasien und Gedankengänge bewusst werden, können wir sie auch in bestimmten Grenzen lenken. Nicht selten träumen Mütter, dass ihrem Kind etwas Schreckliches zustößt. Es ist die größte Angst der meisten Mütter, dass ihrem Kind etwas passiert.

Und doch kann der nächtliche Albtraum auch die Folge davon sein, dass wir uns tagsüber danach sehnten, auch mal für uns sein zu dürfen. Wir hatten tagsüber vielleicht kurz den unbewussten Gedanken: „Ach könnte ich doch mal wieder allein sein. Wie wäre es gewesen ohne mein Kind?" Direkt melden sich Ängste und ein strenges Über-Ich, das uns Todeswünsche dem Kind gegenüber verbietet.

Und doch drückt sich das Unbewusste hier und da durch. In alten Sagen und Bibelgeschichten kommt das Unbewusste immer wieder zum Ausdruck. Ihm ist es egal, was richtig und falsch ist, was rechtens und unrechtens ist. „Es" möchte, dass wir überleben und dass die Dinge zu unserem Besten sind.

Wir sind im Unbewussten oft zutiefst asozial. Auch in uns schlummert die Angst vor dem Fremden, manchmal sind wir äußerst lebensfeindlich, sogar „rassistisch": Nicht wenige träumen tatsächlich vom „Schwarzen Mann". Und wenn wir einmal kleine Kinder beobachten, die das erste Mal einen Menschen mit einer anderen Hautfarbe sehen, dann stellen wir erstaunt fest, dass es vielleicht große Angst hat. Solche Ängste stecken oft auch später noch in unserem Unbewussten und es ist wichtig, sie nicht abfällig beiseitezuschieben, sondern sie zu verstehen.

Wir finden manchmal, dass alles keinen Sinn ergibt und dass es das Beste wäre, wenn es diese Welt gar nicht gäbe. Wir alle haben wohl auch „psychopathologische

Züge" in uns und manchmal sind wir zutiefst zerstörerisch. In uns brodelt ein Kampf zwischen Gut und Böse, wobei wir normalerweise das Gute gewinnen lassen und es bedauern, wenn wir einem anderen Schaden zugefügt haben.

Manchmal schaden wir anderen mehr oder weniger bewusst, aber oft müssen wir anderen auch wehtun, um selbst weiterzukommen. Wenn wir eine höhere Stelle im Beruf bekommen, wurde ein anderer zurückgesetzt. Wenn wir eine Berufsausbildung und eine eigene Familie gründen wollen, müssen wir unseren Eltern den Schmerz der Trennung zumuten. Ebenso müssen wir unserem Kind vieles zumuten, was ihm eigentlich zu viel ist, doch manchmal geht es nicht anders.

Wichtig ist nur, dass wir uns möglichst bewusst darüber sind, was wir denken, fühlen und tun. Wir dürfen ruhig weiterkommen, aber es ist gut, wenn der andere unser Mitgefühl spürt.

Wir dürfen ruhig der Freundin oder unserem Kind die Meinung sagen, aber wir spüren dabei oft, wie weh es dem anderen tut. Daher fällt es uns oft auch sehr schwer, die Wahrheit zu sagen. Auch wenn wir selbst etwas über uns hören, was wir am liebsten abwehren möchten, spüren wir psychischen Schmerz.

Dieses Wechselspiel zu kennen zwischen dem Wunsch nach Wahrheit und dem Wunsch, sie abzuwehren, macht uns das Leben auf Dauer leichter. Spätestens, wenn unser Kind in die Pubertät kommt, können wir dankbar sein, wenn wir vorgearbeitet und uns kennengelernt haben. Denn die pubertierenden Kinder sind nicht einfach nur „unverschämt" – sie erkennen Seiten an uns, die wir selbst nicht sehen wollen.

Wenn unsere Kinder noch klein und abhängig von uns sind, sind wir für sie die Größten. Sie idealisieren uns, weil sie das müssen, sonst könnten sie nicht mit uns zusammenleben. Doch in der Pubertät geht dieser Schön-Filter verloren. Sie erkennen, wie wir „wirklich" sind.

Natürlich können sie sich auch irren und natürlich haben sie oft eine Art, uns Dinge zu sagen, die uns zutiefst verletzen. Aber doch sagen sie uns oft Wahrheiten über uns, die wir nicht hören möchten.

„Du hattest nie Zeit für mich", sagt die Tochter und meint damit, dass es sich für sie so anfühlt. Sie trifft dabei auf unser eigenes schlechtes Gewissen. „Das stimmt doch gar nicht!", möchten wir ihr entgegenschreien. „Weißt Du, auf wie viel ich wegen Dir verzichtet habe?" So sieht die „normale" Diskussion zwischen vielen Müttern und Töchtern aus (ebenfalls zwischen vielen Vätern und Söhnen).

Doch wir können es auch anders machen: Wir können nachdenken. „Du hattest nie Zeit für mich" heißt, dass unser Kind es in diesem Moment so empfindet. Vielleicht fühlt es sich jetzt gerade so allein wie in früheren Zeiten auch schon mal. Wenn wir in Not sind, dann dehnt sich innerlich die Zeit aus – wir denken dann in der Kategorie „für immer, absolut und nur".

Wir hören also: Unserem Kind geht es gerade wirklich schlecht. Als zweites bemerken wir, dass unser Kind unseren eigenen wunden Punkt anspricht. Wie oft hatten wir ein schlechtes Gewissen, wenn wir es zu früh in die Kita bringen mussten und es weinend zurückließen. Wie oft fiel es uns schwer, zur Arbeit zu gehen, obwohl unser Kind krank zu Hause war. Wir hatten viele Situationen, in denen wir unser Kind allein lassen mussten.

„Ja, das war so", können wir vielleicht ruhiger denken, wenn wir nicht sofort zurückkontern. Wir können unseren eigenen Schmerz spüren, diesen Stich ins Herz und unser Bereuen. Wir können aber auch sehen, wie viel Zeit wir auch mit unserem Kind verbrachten, wie oft wir verzichteten auf unsere eigenen Bedürfnisse und wie viel wir unserem Kind gaben.

Auch diese Seite können wir in uns wachrufen und sehen. Doch das würde das Kind gerade nicht verstehen und sehen, denn es ist emotional aufgebracht. Es hat jetzt in diesem Moment das Gefühl, dass wir keine Zeit haben und dass es sich wieder so schmerzlich anfühlt, wie es sich in der früheren Kinderzeit anfühlte.

Vielleicht können wir wissend ein „Ich weiß, Spätzchen" aussprechen, weil wir als die Erwachsenen vielleicht wirklich „wissen": Wir erkennen den Schmerz des Kindes, unseren eigenen Schmerz, aber wir sehen auch, was wir selbst geleistet und gegeben haben.

Doch das können wir alles nur denken und fühlen, wenn wir uns vorher ausreichend mit unserem eigenen Schmerz auseinandergesetzt haben. Wir wissen vielleicht noch, wie es war, als wir uns selbst als Kind verlassen fühlten und kennen dieses Gefühl bis heute. So werden wir fähig, unsere Ruhe zu bewahren, auch wenn wir in dem Moment innerlich vielleicht aufbrausen und denken: „Das ist so ungerecht! Warum sieht sie nicht, was ich alles geleistet habe und wie oft ich da war?"

Wenn wir uns durch ruhiges Nachdenken ausreichend inneren Raum geschaffen haben, fürchten wir uns weniger vor unserer eigenen Aggression.

Angst haben wir eher, wenn wir unserer Aggression immer wieder aus dem Weg gehen. „Ich meine es doch nicht böse!", sagen manche Patienten, die mit schweren Angststörungen zur Psychotherapie kommen.

Doch. Natürlich meinen sie es auch oft böse. Dass es so ist, zeigt oftmals ihre Angststörung, denn die Angst zeigt die innere Gefahr an. Sobald die Betroffenen lernen, dass sie ebenso „böse" sind, wie andere auch, geht es ihnen oftmals besser.

Die Ängste gehen zurück und das Gefühl, die Dinge selbst in der Hand zu haben, wächst. Es ist spannend. Beobachten Sie ruhig einmal die nächste Begegnung mit Müttern: Wo können Sie aggressive Bemerkungen finden, wo reagieren Gesprächspartner verletzt und was denken und fühlen Sie selbst vielleicht in Wirklichkeit?

Solange wir auch extreme Gefühle wie Hass immer nur bei anderen sehen, können wir die Welt nicht verbessern. Erst wenn wir erkennen, dass auch wir selbst kindliche Phantasien haben, dass wir selbst in der Not aggressiv reagieren und dass Liebe und Hass ganz nah beieinander liegen, können wir mit unseren Aggressionen langsam immer mehr umgehen wie ein Bäcker mit geschmeidigem Teig. Wir können uns dann einfach besser lenken und müssen nicht nur immer in Abwehr reagieren.

Neid, Aggression und Schuldgefühle gehören zu den schwierigsten Regungen, unter denen wir als Mutter leiden. Führen Sie sich vor Augen:

- Wenn ich versuche, meine aggressiven Seiten zu verdrängen, können sie an ungewollter Stelle zum Vorschein kommen.
- Suchen Sie nach den schmerzvollen Gefühlen hinter dem Neid. Wenn Sie Ihre unerfüllten Sehnsüchte entdecken, kann Trauer aufkommen. Und „Trauerarbeit" kann man oft leichter leisten als „Neidarbeit".
- Versuchen Sie, Schuldgefühle anzunehmen und nicht gleich wegzudrücken. Wann tauchen sie auf? Sind sie „berechtigt" oder fühlen sie sich irgendwie unpassend an? Zu welchen Aspekten der Vergangenheit könnten Ihre Schuldgefühle vielleicht passen? Mit Fragen wie diesen gewinnen Sie mehr Orientierung – auch, wenn Sie lange keine Antworten finden.

Neid in der Mutterschaft: „Die anderen Mütter werden wieder schwanger!"

„Gefühlt jeden Tag erzählt mir im Kindergarten eine andere Mutter, dass sie gerade wieder schwanger geworden ist. Mir tut das immer in der Seele weh, es gibt mir wirklich einen Stich. Ich würde auch so gerne wieder schwanger werden und ich hätte nie gedacht, dass der Drang nach einem zweiten Kind wieder fast so groß sein kann wie nach dem ersten. Doch nach der komplizierten Geburt wurde mir die Gebärmutter entfernt. Ich kann kein zweites Kind mehr bekommen", erzählt eine Mutter.

„Bei mir ist es so, dass mein Partner mich verlassen hat und ich deswegen kein zweites Kind bekommen kann. Ich kann mir nicht vorstellen, von irgendwem einfach schwanger zu werden. Für mich geht das nur im Vertrauen und in der Familie. Also muss ich auf ein zweites Kind verzichten oder hoffen, doch noch den richtigen Partner zu finden, bevor meine biologische Uhr abgelaufen ist", sagt eine andere Mutter.

„Ich könnte mir eine Patchwork-Familie nicht vorstellen – auch ich bin jetzt alleinerziehend, doch ich kann mich mit dem Gedanken an ein zweites Kind, das ich von einem anderen Mann bekomme, einfach nicht anfreunden. Wenn ich Mia aus der Kita abgeholt habe, bin ich immer ganz fertig", erzählt eine Mutter.

Hier lässt sich leicht der sogenannte „böse Blick" verstehen. Mit dem „bösen
Blick" ist eine alte Vorstellung gemeint, nach der junge Frauen, Bräute oder
Schwangere von einem „bösen Blick" verfolgt werden, der magische Kräfte hat
und Schaden mit sich bringen kann.

Nun, dieser „böse Blick" kommt manchmal von uns selbst, wenn wir allzu neidisch sind und das Glück des anderen nicht ertragen können, weil die schmerzhaften Lücken unseres eigenen Lebens zu groß geworden sind. Nur durch die
beharrliche Auseinandersetzung mit unserem eigenen Schmerz kann es uns gelingen, wieder zu einem weicheren Blick zurückzufinden.

Das Thema „Kinderkriegen" spielt im Alter von Ende 20 bis etwa Mitte 40 bei
den meisten Frauen eine große Rolle. Sie spüren ihre körperliche Kraft und
auch die Lust am Schwangersein. Es gehen ihnen Gedanken an die eigene End-
lichkeit durch den Kopf: Wer wird noch da sein, wenn ich gehen muss?", lautet
die Frage.

Manche Mütter sind wirklich bereit für ein weiteres Kind – es würde alles
passen und doch mag der Kinderwunsch aus den unterschiedlichsten Gründen
nicht in Erfüllung gehen. „Aber Du hast doch schon eins!", sagt die Freundin.
Man fühlt sich undankbar. Ja, das erste Kind ist schon ein Trost und eine große
Freude – und doch ist es ein Paradox: Der Wunsch nach einem zweiten Kind
ist so groß, dass das erste Kind im Hintergrund verblasst.

„Ich will nach der schrecklichen Kaiserschnitterfahrung noch eine natürliche
Geburt erleben", sagt eine Mutter. „Ich konnte nicht stillen und würde so gerne
dieses Erlebnis noch kennenlernen", sagt eine andere.

bei Weitem nicht immer möglich ist. Viele Mütter, die ihr zweites Kind bekommen, spüren, dass die Lücken der Vergangenheit möglicherweise doch nicht aufgefüllt werden konnten. Alte Schmerzen bleiben.

Der Neid unter den Müttern ist riesig. Die Ursache dafür ist, dass jede Mutter ihre ureigenen wunden Punkte hat, die oft auch schon mit der eigenen Kindheit zusammenhängen. Immer wieder taucht die Verbitterung darüber auf, dass es in der Kindheit an bestimmten Stellen sehr schiefgelaufen ist und man sich deshalb heute den Familienwunsch nicht so erfüllen kann, wie man das gerne würde. Wenn die andere dann das hat, was wir so furchtbar vermissen, können wir das kaum ertragen.

Neid basiert immer auf Schmerz. Doch Neid ist etwas, das keine Mutter haben will.

Wir wollen nicht neidisch sein, denn Neid ist etwas Schlechtes, ein schwieriges Gefühl. Infolge von Neid gab es schon die grausamsten Familien- und Völkermorde. Neid ist der Anfang des Bösen, so glauben wir. Und dadurch verdrängen wir unseren Neid immer wieder.

Doch können wir diesen Teufelskreis ein Stückchen aufbrechen, indem wir innerlich „Stopp" machen und uns fragen, ob wir gerade neidisch sind. Wenn wir uns dann weiterfragen, auf welchem Grundschmerz dieser Neid beruht, dann werden wir vielleicht auf einmal sehr traurig.

Traurigkeit ist jedoch ein Gefühl von Weichheit. Wenn wir traurig sind, dann sind wir anders im Kontakt mit uns selbst und anderen, als wenn wir neidisch sind.

Neid hat etwas mit Abwehr zu tun und das spürt der andere. Traurigkeit heißt jedoch auch, sich seine Verletzlichkeit einzugestehen. Sie kann viel leichter mit anderen geteilt werden als der Neid. Wenn andere Frauen schwanger sind, und wir uns selbst ein Kind wünschen, ist das ein schmerzhaftes, aber auch gutes „Neid-Training". Wenn wir uns bewusst mit unseren schwierigen Gefühlen und inneren Schmerzen auseinandersetzen, werden wir davon weise.

Die Schatten der Vergangenheit: Woher komme ich selbst?

Was bedeutet mir meine Mutter?

Damit wir uns selbst als Mutter gut verstehen können, ist es sehr hilfreich, die Beziehung zu unserer eigenen Mutter gut zu verstehen. Selbst wer ohne Mutter aufwuchs, hat Phantasien über die Frau, die einem das Leben ermöglichte. Häufig kommt da so etwas wie Wut auf. „Ich wurde ja nicht gefragt!", könnte man denken.

Manche sagen: „Ich empfinde mein Leben nicht als etwas, für das ich dankbar sein kann – mein Leben ist mir in erster Linie eine Last." Mit diesem Gefühl, dass wir von unseren Eltern einfach so gemacht wurden, lernt jeder irgendwie anders umzugehen.

Manche Menschen haben die Phantasie, dass sie an ihrer Entstehung doch selbst irgendwie mitgewirkt haben. „Die Kinder suchen sich ihre Eltern aus", heißt es. Die einen hadern mit ihrem Leben, die anderen sind zutiefst dankbar, dass ihnen das Leben geschenkt wurde.

Wer jedoch eher unter seinem Leben leidet, wer eine schwere Kindheit hatte oder mit Depressionen kämpft, der empfindet natürlich auch leicht Schuldgefühle gegenüber dem eigenen Kind. „Es tut mir leid, dass ich dich einfach so zur Welt gebracht habe, ohne Dich zu fragen", mögen wir unserem Kind innerlich vielleicht sagen. Das Leben ist ein Rätsel und das wird uns noch mal besonders deutlich, wenn wir an unsere Kinder denken.

Unsere Phantasien über unsere eigene Mutter beziehen sich also schon auf die Zeit um die Empfängnis. Und so haben wir auch spezielle Gefühle und wechselnde Gefühle, wenn wir an unsere Mutter denken. Wie hat uns unsere Mutter auf die Welt gebracht? Konnte sie sich gut von uns trennen oder musste uns ein Chirurg unser Leben retten, indem er uns aus ihrem Bauch holte? Konnte unsere Mutter uns gut versorgen, als wir noch ein kleines Baby waren? Wie war unsere Mutter im vorsprachlichen und im sprachlichen Alter? Fühlten wir uns geliebt? Hat unsere Mutter uns bestraft? Hat unsere Mutter uns erlaubt, unseren Vater zu lieben? Hat unsere Mutter darin versagt, uns vor einem übergriffigen Vater zu schützen?

Wir geben unserer Mutter für vieles die Schuld. Wir sind ihr aber wahrscheinlich auch für vieles dankbar. Je mehr Schuld wir ihr geben, desto eher mögen wir auch selbst zu Schuldgefühlen als Mutter neigen.

Wenn wir es schaffen, unsere eigene Mutter zu verstehen und wenn wir selbst ausreichend gut verstanden werden – z. B. von unserem Partner oder in einer Psychotherapie –, dann kann es uns gelingen, uns von unserer Mutter zu lösen und sie nicht mehr innerlich mit Vorwürfen zu bombardieren. Manchmal gelingt es uns, uns zumindest innerlich mit der Mutter zu versöhnen und auch ihre eigene Not zu sehen. Dann können wir häufig sehr erleichtert aufatmen.

Die narzisstische Mutter

Seit einigen Jahren wissen wir immer mehr über psychische Erkrankungen. ADHS, Depressionen und das Asperger-Syndrom sind psychische Störungen, die insbesondere den Müttern sehr gut bekannt sind. Aber auch über psychische Mechanismen wie emotionale Erpressung, Gaslighting, emotionalen Missbrauch und Stalking ist viel zu hören und zu lesen.

Immer wieder begegnen mir Patientinnen, die ganz begeistert sind von Büchern und Blogs, die die „narzisstische Mutter" zum Thema haben. „Endlich verstehe ich, warum ich so bin, wie ich bin", sagen sie. Oder: „Fast alles, was ich in diesem Buch gelesen habe, trifft Eins zu Eins auf meine Mutter zu. Ich war erschüttert, als ich das alles gelesen habe."

Das Problem bei Informationen über psychische Störungen ist nur, dass wir uns in sehr vielem wiederfinden. Wer Medizin studiert, ist erst einmal mächtig krank: Alles, was gerade gelernt wird, trifft auf einen selbst zu.

In der Psychologie ist es ähnlich. Wenig Appetit? Wenn das keine beginnende Magersucht ist. Nicht still sitzen können? Achtung, ADHS! Gut gelaunt aufwachen? Es könnte eine bipolare Störung sein. Als die Bücher zur Weitergabe von Kriegstraumata an die Kriegskinder und Kriegsenkel herauskamen, hatten viele das Gefühl, dass sie sich nun endlich richtig verstehen könnten – bis sie eines Tages merkten, dass doch noch viel mehr Faktoren zur eigenen psychischen Störung führten.

Wir sollten uns bewusst sein: Wenn wir uns mit psychischen Erkrankungen beschäftigen, dann werden wir sehr vieles sehen, was auf uns zutrifft. Im Grunde ist es sogar schwierig, von „Psychischen Störungen" oder „Krankheiten" zu sprechen, denn was wir denken und fühlen, wie wir etwas erleben oder wie wir uns verhalten, ist die Konsequenz dessen, was wir in der Vergangenheit erlebten.

Je tiefer man in die Materie eintaucht, desto schwieriger wird es mit den Diagnosen. Es ist anders als in der Körpermedizin: Zuerst hat der junge Medizinstudent Angst vor einer Blinddarmentzündung, wenn es im Bauch zwickt. Doch je genauer er studiert, desto mehr weiß er, was zu einer Blinddarmentzündung außer Bauchschmerzen noch dazugehört. So kann er immer genauer differenzieren, sodass die anfänglich gesteigerte Angst wieder abebbt und sogar in eine größere Angstfreiheit führt.

In der Psychologie ist es eher umgekehrt: Je mehr man weiß, desto weniger weiß man. Die Psyche lässt sich kaum in Schubladen packen. Am Anfang der Psychotherapieausbildung sind viele geneigt, den Patienten rasch eine Diagnose „aufzudrücken". Ein Patient, der mehrere Psychotherapeuten gesehen hat, wird höchst wahrscheinlich auch mehrere Diagnosen erhalten haben.

Wenn Sie selbst eine Diagnose über eine psychische Störung erhalten haben, sind Sie vielleicht zunächst erleichtert, weil „Es" nun einen Namen hat. Sie können einordnen, was Sie fühlen und denken, Sie können nach einer entsprechenden Selbsthilfegruppe Ausschau halten oder Bücher über „Ihre" Störung lesen.

Doch mit der Zeit können Zweifel aufkommen: „Komisch, normalerweise hat man ja bei Störung XY dies und jenes, aber bei mir ist das ganz anders", denkt man sich. Im Laufe der Zeit werden Sie vielleicht merken, dass sich vieles eben nicht einordnen lässt.

Wer selbst eine längere Psychoanalyse macht, weiß im Laufe der Zeit überhaupt nicht mehr, wie er sich einordnen soll. Andererseits werden manche Störungen erst in einer länger andauernden Psychoanalyse sichtbar. Plötzlich wird deutlich, dass der Patient auf einem Borderline-Niveau kommuniziert, was zuvor nicht sichtbar war, als sich Therapeut und Patient noch recht fremd waren. Erst durch die zunehmende Nähe wird deutlich, wie der Patient wirklich „funktioniert".

Gerade den Narzissten sagt man nach, dass sie andere Menschen blenden können. Wer bei seinem Partner eine narzisstische Störung vermutet, der stellt vielleicht fest, dass der (Ex-)Partner im öffentlichen Bereich – am Arbeitsplatz, vor Gericht, beim Jugendamt – die Menschen für sich einnehmen kann. Sie als Mutter hingegen werden vielleicht als „hysterisch und emotional" hingestellt, während er zuvorkommend, charmant und äußerst vernünftig auftritt.

In der nahen Beziehung empfinden Sie Ihren Partner vielleicht als „manipulierend", emotional erpressend und systematisch vernichtend. „Das glaubt mir kein Mensch, wie der sein kann!", werden Sie vielleicht von Ihrem narzisstischen Partner sagen.

Hingegen wird der (Ex-)Partner seine Frau vielleicht für „borderlinig" halten und deswegen den Kontakt reduzieren. Manchmal beschließen wir regelrecht, dass der (Ex-)Partner eine narzisstische oder Borderline-Störung hat, denn dann können wir die Dinge besser zuordnen – so meinen wir anfangs.

Ähnlich verhält es sich mit der Mutter. Die „narzisstische Mutter" ist vor wenigen Jahren in den Mittelpunkt der Aufmerksamkeit gerückt. Die Mutter, die manipuliert und ihr Kind nur für ihre Zwecke missbraucht, hat das Kind für das gesamte weitere Leben beschädigt, so die Zusammenfassung. Tatsächlich haben viele Kinder unendliches Leid erlitten.

Insbesondere das Buch „Das Drama des begabten Kindes" von Alice Miller (1983), einer Holocaust-Überlebenden, hat hier für enorme „Aha-Effekte" unter Töchtern und Söhnen gesorgt. Viel Ernüchterung brachte dann das Buch ihres Sohnes Martin Miller: „Das wahre Drama des begabten Kindes". Hier beschreibt Alice Millers Sohn, wie es ihm als Kind von Alice Miller erging (Miller, 2013).

Ich kann ein zunehmendes Wissen über psychische Störungen nur befürworten, doch es entsteht auch ein großes Problem: Wir können Störungen bei anderen sehr gut beobachten, doch für uns selbst haben wir oft keinen Blick.

> *„Ich bin aber nicht schuld daran!" Vielleicht so lange nicht, bis man selbst eine Psychoanalyse beginnt und feststellt, wie sehr man selbst andere Menschen oder das eigene Kind in die Ecke drängt, wie sehr man sie übergeht, nicht ernst nimmt, voreilig verurteilt usw. Das Gespür für das eigene Verhalten ist oft nur schwer zu erlangen.*

Auf der anderen Seite fürchten sich viele Mütter davor, selbst so narzisstisch zu werden wie die eigene Mutter und dem Kind dadurch zu schaden. Sie liegen auf der Lauer und halten Ausschau nach möglichen narzisstischen Anzeichen bei sich selbst und sind schwer verunsichert.

Die Mutter hat einen immens großen Einfluss auf die psychische Entwicklung ihres Kindes – gerade in den frühen Jahren. Der Vater hat dies ebenso, aber in einer anderen Form. Er hat – soweit er nicht von Beginn an der Hauptversorger des Kindes ist – auf eine gewisse Weise mehr Abstand zum Kind, auch wenn die Gefühle für sein Kind ebenso groß sind wie die der Mutter.

Doch aus psychologischer Sicht kommt dem Vater eine andere Rolle zu. Den „tiefen frühen Schaden" kann meistens die Mutter anrichten, da sie durch den engen körperlichen, mimischen und stimmlichen Kontakt das frühe Seelenleben des Babys prägt. Diese Prägung beginnt schon in der Schwangerschaft.

Nach der Entbindung hat das Nähren eine besondere psychische Funktion. Nicht selten stammt die tiefe Angst, dass etwas vergiftet sein könnte, von frühen Erfahrungen mit der nährenden Mutter. Die Mutter konnte uns über- oder unterfüttern und die Emotion, die sie in die Füttersituation hineinlegte, ging sozusagen gleich mit der Muttermilch in uns hinein.

Ein Kind kann natürlich unter einer narzisstischen Mutter enorm leiden. Doch wenn wir dem Ganzen so einfach einen Namen (bzw. ein zu früh getroffenes Urteil) geben, dann zerstören wir auch etwas Entscheidendes: Wir können damit unser tieferes Verstehen verhindern und damit einen krankhaften Kreislauf aufrecht erhalten.

Oft mache ich mir in der Klinik Gedanken darüber, warum ein Patient etwas so oder so erlebt, warum er etwas in einer bestimmten Weise verstanden hat, warum er so oder so reagiert, welche Phantasien er hat, was er als Kleinkind erlebt hat usw. Mitten in meinem Gedankengang kommt eine Kollegin und sagt: „Ja, kein Wunder, dass der so ist. Da kommt einfach sein Narzissmus durch."

Damit ist mein Nachdenken zunächst einmal unterbrochen. Ich bin wie aus dem Traum gerissen und kann die so wichtige träumerische Haltung gegenüber dem Patienten nicht länger aufrechterhalten. Die einfache Erklärung „Das ist Narzissmus" hat meine Überlegungen gestoppt.

Ähnlich ist es bei der Mutter, die über ihr Kind nachdenkt. Auch sie geht in einen träumerischen Zustand über und hat sozusagen schwebende Phantasien über ihr Kind, die ihr sehr oft überhaupt nicht bewusst sind.

Wenn sie nun durch irgendetwas, z. B. durch einen Schrecken, eine große Sorge oder einen Termin, von dieser Träumerei abgehalten wird, bleibt etwas auf der Strecke. „Wir müssen hier einen Punkt machen. Das wird schon so oder so sein", sagt sie sich. Sie nimmt das Kind und eilt mit ihm zum nächsten Termin und das Kind fühlt sich unverstanden.

Dasselbe passiert mit unserer „narzisstischen Mutter": „Ah, alles klar", sagen wir, „da hat sie schon wieder dies und jenes gesagt! Das passt ja nur zu gut. Man darf sich eben nicht wundern, wenn die Mutter narzisstisch ist." Und die Auseinandersetzung mit der jeweiligen Situation ist damit bereits beendet.

Die „narzisstische Mutter" wiederum spürt unsere Vorurteile, wird sich selbst zurückziehen und vielleicht immer wieder auf dieselbe verletzende Weise reagieren, die wir von ihr gewohnt sind.

Veränderungen in der inneren und äußeren Beziehung zur eigenen Mutter sind unglaublich schwer zu bewerkstelligen und sie sind langwierig. Aber sie sind dennoch möglich, egal wie „schwer gestört" die Mutter ist. Wenn wir unser inneres Bild über sie erweitern oder ergänzen können, geht es uns selbst oft sehr viel besser – im Umgang mit uns selbst und auch im Umgang mit unseren Kindern. Wir fühlen wieder Klarheit, schaffen inneren Raum und Balance.

Die schmerzlichen Erfahrungen, die wir mit unseren Müttern gemacht haben, lassen sich nicht verleugnen. Versöhnung ist manchmal nicht möglich und manchmal hilft auch nur der Kontaktabbruch.

Wenn es im Zusammensein mit der Mutter um Leben und Tod ging und wenn man an den Folgen massiv leidet, dann ist die Beziehung zu ihr erst mal erstarrt. Man hat sie vielleicht abgehakt. Man will da keine Kraft mehr investieren. Man versteht, dass die Mutter einfach nicht verstehen wird.

Und doch kann sich mit dem eigenen Muttersein etwas in der Beziehung zur eigenen Mutter über die Jahre verändern. Das Geschehene kann weiterarbeiten und es kann eine innere Entwicklung stattfinden.

Eine Patientin erzählt: „Ich bin nach all den Jahren weicher geworden. Ich habe mein Kind großgezogen, trotz aller Widrigkeiten in meinem Leben. Und als ich meine Erleichterung spürte, da sah ich meine Mutter das erste Mal traurig. Es hat mich tief bewegt. Sie zeigte sich traurig, während sie vorher immer nur bitter und abwehrend war.

Und auf einmal sah ich in ihr das kleine Kind, das sie einmal war und dem ganz furchtbare Dinge widerfahren sind. Ich hatte für mich völlig unerwartet plötzlich ein tiefes Mitgefühl für sie. Das hat mich sehr dankbar gemacht – und sie für Momente wahrscheinlich auch. Es war vielleicht nur ein kurzer Moment, in dem da etwas Neues möglich wurde. Doch dieser Moment reichte, um in meiner Psyche auch noch einmal eine grundlegende Starre zu lösen.

Es ändert zwar nichts daran, dass sie mich so sehr beschädigt hat, dass mir ein normales, glückliches Leben nicht möglich wurde, aber ich fühle mich nun innerlich beweglicher. Ich sehe es nicht mehr nur als ihr ‚Böses‘ an, sondern ich verstehe mehr die ganze Tragik dahinter.“

Unter „Narzissmus“ verstehen wir oft nur: Da ist jemand selbstsüchtig, selbstverliebt, machtbesessen, unempathisch, ignorant und manipulativ. Der Narzisst nutzt den anderen für seine Zwecke aus. Haben wir es mit einer narzisstischen Mutter zu tun, so kann das Kind ein „falsches Selbst“ entwickeln, weil es ständig nur das tun, lernen und fühlen soll, was die Mutter sich wünscht.

Doch gesunder Narzissmus heißt auch, an sich zu glauben, sich selbst zu lieben, Gruppen zusammenzuhalten, präsent zu sein und einen Beruf zu ergreifen, in dem die eigene Person eine wichtige Rolle spielt. Fernsehmoderatoren, Pop-Stars, Musiker, Schauspieler, Lehrer, aber auch viele (Chef-)Ärzte, Psychotherapeuten und Psychoanalytiker sind „narzisstisch“. Narzissmus gehört zu jedem gesunden Menschen. Er kann jedoch verschieden ausgeprägt sein und krankhaft werden.

Krankhafter Narzissmus zeichnet sich dadurch aus, dass der Betroffene alles tut, um echten emotionalen Kontakt zu vermeiden.

Der von krankhaftem Narzissmus Betroffene hat große Angst vor echter Beziehung, wobei er paradoxerweise oft betont, dass ihm eine „Beziehung auf Augenhöhe“ wichtig sei. Weil er spürt, dass ihm da etwas fehlt, muss er es immer wieder betonen.

Mit „Beziehung auf Augenhöhe“ ist meistens nicht das gemeint, was eine befriedigende Beziehung ausmacht. In einer befriedigenden Beziehung kann man sich emotional berühren. An diesem Punkt haben Narzissten eine große Schwäche, die sie unbewusst sehr wohl spüren und die sie sich so einsam fühlen lässt, dass sie manchmal ihr Leben beenden möchten.

Die „Selbstliebe" und Kontrolle der anderen wird im Narzissmus zum verzweifelten Fluchtpunkt. Doch wenn wir genau hinschauen, dann macht es wohl den meisten von uns Angst, einem anderen Menschen „wirklich" zu begegnen. Es macht uns vielleicht unsicher, wenn wir daran denken, dass ein anderer uns wirklich erkennen könnte, dass sich Beziehung nicht kontrollieren lässt und dass Begegnung auch schmerzhaft und peinlich sein kann. Diese Beziehungsängste kennen wohl alle gesunden Menschen.

Wenn wir beginnen, den Narzissmus differenzierter zu betrachten, wenn wir merken, dass es hier um die Angst vor Beziehung und Berührung geht, dann wird uns vieles verständlicher. Dann ist die „böse Mutter" oder der „manipulierende Kindsvater" vielleicht ein bisschen besser zu verstehen. Und dann sehen wir auch, dass nicht nur die anderen narzisstisch sind. Wir beginnen dann, unsere eigenen Schwächen und unser Menschsein mit weicheren und klareren Augen zu sehen.

Bloß nicht werden wie die Mutter!

Viele Mütter haben ein großes Ziel: bloß nicht werden wie die eigene Mutter! Sie wollen anders sein und alles anders machen. Das Problem dabei: Sobald Sie Mutter werden, sind Sie Ihrer Mutter bereits ähnlicher geworden, denn sie sind nun beide Mütter.

Wer immer damit beschäftigt ist, das Gegenteil von dem zu tun und zu sagen, was die Mutter getan und gesagt hat, ist sehr gefangen. Denn so denkt man jeden Augenblick an die Mutter, richtet sich innerlich an ihr aus und tut dann das Gegenteil.

Wirklich frei ist man jedoch erst, wenn man „Ja" sagen kann, obwohl die Mutter an dieser Stelle auch „Ja" sagt, wenn man Grün schön finden kann, obwohl die Mutter Grün auch schön fand.

Das eigene Mutterwerden und -sein bedeutet eine ständige Auseinandersetzung mit der eigenen Mutter. Wer Mutter wird, hat die Chance, die eigene

Vergangenheit noch einmal genau zu beleuchten und teilweise sogar zu durchleben.

Stellen, an denen ich nicht sein will wie meine Mutter, sind häufig eine Art Blockierung.

Natürlich will man nicht die Gewalt anwenden, die die Mutter vielleicht anwendete, man will nicht so stundenlang schweigen und strafen wie sie und man möchte vielleicht nicht so schreien. Man möchte nicht dieselben verletzenden Worte benutzen.

An den schmerzhaften Mutterseiten können Sie sich noch einmal vergegenwärtigen, wie schrecklich das vielleicht alles für Sie war und wie einsam und verletzt Sie sich selbst oft fühlten. Heute können Sie darüber nachdenken, mit anderen vielleicht darüber sprechen und sich selbst ein tröstender Begleiter sein.

Wenn wir einmal schauen wollen, welche guten Seiten unsere Mutter auch hatte, bekommen viele eine Gänsehaut. „Gar keine guten Seiten hatte sie! Sie war einfach nur schrecklich – und zwar so sehr, dass mögliche gute Seiten davon völlig überdeckt wurden", sagt eine Mutter.

Manche Mütter, die eine Psychotherapie machen, bekommen manchmal den Eindruck, dass ihre Mutter sie nicht geliebt hätte. „Meine Mutter hat mich nicht geliebt!", sagt eine Frau entschieden in einem Geburtsvorbereitungskurs. Die Hebamme schaut sie streng an: „Mit Verlaub", entgegnet sie, „Ihre Mutter HAT Sie geliebt." Sobald das Wort „Liebe" fällt, bekommen Aussagen ein großes Gewicht. Was hat die Hebamme gemeint und warum ist ihre Überzeugung so ganz anders als die eigene Überzeugung, die man in der Psychotherapie gewonnen hat?

Nachdem die junge Mutter ihr Kind entbunden hat, wusste sie, was gemeint war: Als sie ihr Kind in den Armen hielt, konnte sie nicht anders, als es lieben. Ob es ihrer Mutter damals genauso ging?

Immer wieder lese ich bei psychoanalytischen Autoren, die mit psychotischen Menschen gearbeitet haben, dass jede Mutter – und sei sie auch noch so krank – auch einen gesunden Kern hat.

Auch die „gestörteste" Mutter hat gesunde Anteile.

Und auch wenn wir noch so einen schweren Stand bei der Mutter hatten – wir haben auch gesunde Anteile von ihr mitbekommen. Gesundes spürt man kaum, es ist selbstverständlich da – nur das Kranke stört und fällt uns auf.

Wenn Menschen böse werden, dann sehen wir nicht mehr, was sie böse gemacht hat. Wenn wir eine überwiegend „böse" oder gefühlsarme Mutter hatten oder uns an sie als eine solche erinnern, dann ist es uns vielleicht reichlich egal, wieso sie so geworden ist – denn wir litten unter ihr!

Und doch kann es Momente geben, in denen wir plötzlich verstehen, warum unsere Mutter so geworden ist. Es können Aha-Effekte sein im Rahmen irgendwelcher Begebenheiten, die uns plötzlich denken lassen: So muss das bei meiner Mutter gewesen sein. Und auf einmal können wir ein Eckchen mehr von ihr verstehen.

Dieses Verstehen kann sehr erleichternd für uns sein. Wir können uns dann innerlich an dieser Stelle von unserer Mutter lösen. Auch, wenn unsere eigene Mutter vielleicht schon gar nicht mehr lebt, dann können wir hier auf einmal Abstand finden. Vielleicht erfasst uns sogar eine Traurigkeit darüber, dass sie viel Schlimmes erleben musste und dadurch vielleicht so wurde, dass wir sie nicht mehr verstehen konnten.

Wenn wir nicht so sein wollen, wie unsere Mutter, dann sind wir auf eine merkwürdige Art ständig mit ihr verbunden.

Wir haben vielleicht die Vorstellung, dass wir natürlicherweise so wären wie unsere Mutter, wenn wir nicht ständig dagegen ankämpfen. Wir wünschen uns vielleicht, dass wir uns innerlich von der Mutter trennen könnten und nicht mehr so an ihr kleben.

Diese Trennung geschieht paradoxerweise durch das Annehmen: Hier und da klinge ich wie meine Mutter, vielleicht am Telefon, vielleicht wenn ich mein Kind anschreie. Meine Figur ähnelt vielleicht mehr der Figur meiner Mutter, seit mein erstes Kind zur Welt kam. Manchmal höre ich mich etwas sagen, das meine Mutter immer sagte. Dann ist es, als sei sie einfach in mir.

Doch durch Nachdenken können wir inneren Abstand gewinnen. Wenn wir nicht weglaufen, sondern einmal bei dem bleiben, was uns an unsere Mutter erinnert, dann können wir vielleicht etwas mehr mit unseren Gedanken spielen. Es ist dann, als würde sich etwas lockern in uns.

Abstand können wir auch durch Versöhnung gewinnen. Versöhnung ist etwas, das wir meistens nicht von heute auf morgen vollziehen können. Doch manchmal können wir uns vielleicht das erleichternde Gefühl von Versöhnung vorstellen. Wenn wir wieder an Stellen geraten, an denen uns unsere Mutter wehtut oder an denen wir selbst unserer Mutter ähneln oder an denen sogar unsere Tochter unserer Mutter ähnelt, dann bleiben wir doch mal dabei stehen und denken nach.

Das innere Weglaufen führt meistens dazu, dass wir auf eine bestimmte Art kleben bleiben. Doch wenn wir uns zur „Aus-einander-setzung" entschließen, dann können wir Stück für Stück uns selbst, unsere Mutter und unser Kind verstehen. Wir können weicher werden, versöhnlicher und fühlen uns nicht mehr so gestresst durch den Fluchtgedanken „Bloß nicht werden wie die Mutter!"

Manchmal, so werden wir merken, ist es gar nicht so schlecht, hier und da wie die Mutter zu sein. Wir lernen sie vielleicht an manchen Stellen neu kennen. Und wenn unsere Mutter noch lebt und wir ihr mit einer neugierigen, offenen Einstellung begegnen, dann können wir erstaunt sein, welche Überraschungen wir noch erleben können. Bitterkeit wirkt immer fest – aber sie kann tatsächlich weichen. Es können kleine Augenblicke sein, die viel Veränderung nach sich ziehen.

Je besser ich mich selbst verstehe, desto besser kann ich auch mein Kind verstehen. Doch es braucht viel Muße. Vielleicht möchten Sie in einer psycho-therapeutischen Selbsterfahrung mehr über sich herausfinden. Sie sind weniger angreifbar und vermitteln Ihrem Kind mehr Sicherheit, wenn Sie wissen:

Was treibt mich zur Weißglut?
- Was macht mich schnell traurig oder verunsichert?
- Welche Wunden trage ich mit mir?
- Wie wuchs ich selbst auf und welche Schwächen und Stärken haben sich daraus ergeben?

Schreiben Sie sich solche Fragen ruhig auf. Führen Sie – wenn es Ihnen liegt – Tagebuch, denken Sie beim Spazierengehen oder Backen darüber nach oder sprechen Sie mit Ihrer besten Freundin darüber.

Das eindrucksvolle Leben der Mutter

Muttersein und Spiritualität

„Ich spüre oft, wenn mein Kind ein Problem hat, obwohl ich nicht in seiner Nähe bin", sagen Mütter manchmal. Mütter sind oft unglaublich gut auf ihre Kinder eingestellt. Die emotionale und auch vegetative Verbindung lassen mitunter an telepathische Fähigkeiten glauben.

Das „Rationale", das man den Männern nachsagt, hängt vielleicht auch damit zusammen, dass Männer keine Schwangerschaft erleben und sich in den ersten Wochen und Monaten nach der Geburt nicht in dem Ausmaß vegetativ mit dem Kind abstimmen wie die Mütter – es sei denn, es ist der Vater, der von Beginn an auch der körperliche Hauptversorger seines Babys ist.

„Seit mein Kind auf der Welt ist, bin ich viel empfindsamer und auf eine Art auch wieder gläubiger geworden", sagt eine Mutter.

Ein Kind zu haben bedeutet, sich mit dem Unkontrollierbaren auseinanderzusetzen.

Trotz aller Kontrollmöglichkeiten und Technisierungen in der Medizin erfährt die Mutter schon in der Schwangerschaft, dass ihr manchmal nichts anderes übrig bleibt, als „guter Hoffnung" zu bleiben. Ein Neugeborenes ist unglaublich nah am Tod und Mütter, die schon einmal ein Kind verloren haben, waren damit einer der tiefsten Erfahrungen von Ohnmacht und Ausgeliefertsein unterworfen, die es gibt.

Diese Erfahrungen machen sensibler. Der „siebte Sinn" wird gestärkt, Intuition und Kreativität sind jeden Tag gefordert. Vielleicht ist dies ein Grund, warum immer noch mehr Frauen als Männer eine Psychotherapie machen, denn die

Beschäftigung mit dem, was man nicht sieht, sondern nur fühlt, ist den Frauen möglicherweise vertrauter als den Männern.

Unsere Gedanken, Gefühle, Phantasien und inneren Bilder haben oft ihren Ursprung in unserer ursprünglichen körperlichen Selbsterfahrung. Wenn der kleine Junge stehen lernt und seinen Penis sieht, ist das eine unglaubliche Entdeckung für ihn. Das Mädchen geht da „leer" aus. Da ist „nichts", doch es entstehen Vorstellungen über das Verborgene, über die Höhle. So wird später das Handtäschchen das wichtigste Symbol für das Mädchen.

Loriot alias „Papa ante portas" (2001) sagt so schön: „Der Mann geht tagsüber auf die Jagd und die Familie sitzt in der Höhle und wartet." Bei unseren Bemühungen um Gleichheit werden uns die gegebenen Unterschiede zwischen Mann und Frau noch einmal bewusster. Das biologisch Gegebene bleibt bestehen und beeinflusst unser unbewusstes Denken und Fühlen.

Spiritualität ist in irgendeiner Form wohl Teil eines jeden Menschen. Geborenwerden, Kranksein, Verluste erleben, Einsamkeit, Todesangst, Sterbeprozesse – all dies sind Erfahrungen, die einen Menschen in seiner Spiritualität stärken können. Schwangersein und Gebären können jedoch noch mal einen ganz besonderen Einfluss auf die Spiritualität haben.

So sehr es auch Dinge zwischen Himmel und Erde gibt, von denen wir nichts wissen und die wir uns nicht erklären können, so sehr gibt es jedoch auch unsere Realitäten und unsere Grenzen.

Wenn ich als Mutter große Angst um mein Kind habe, weil z. B. eine wichtige Untersuchung ansteht oder es eine überfordernde Trennung gibt, dann bleibt mir ja eigentlich nur das Festhalten am Geistigen. Es gibt mir ein Gefühl von Kontrolle in dem Sinne, dass ich das Gefühl habe, ich könnte wenigstens durch Beten oder gute Gedanken den Lauf der Dinge beeinflussen.

Spiritualität hängt dabei sehr davon ab, was ich selbst als Kind erlebt habe, wie die Beziehung zu den Eltern war, ob es mir gerade gut geht oder schlecht oder auch davon, welche Erfahrungen ich mit meinem Körper gemacht habe.

Wenn es mich als Mutter zu sehr schmerzt oder ängstigt, dass mein Kind ein eigenständiger Mensch ist mit eigenem Wollen und Denken, dann kann ich psychisch sozusagen einen mehr oder weniger bewussten Trick anwenden und sagen: „Ich weiß immer, was in meinem Kind vorgeht." So verleugnet man die Trennung und ist scheinbar immer bei ihm oder extremer noch: in ihm.

Es gibt Mütter, die sagen zu ihrem Kind: „Du bist für mich wie aus Glas." Die Mutter sagt damit einerseits, dass sie ihr Kind enorm gut kennt, andererseits zeigt sie damit aber auch, dass sie ihr Kind gar nicht richtig als eigenständige Person wahrnimmt. Wenn das Kind aus Glas ist, dann kann man da durchschauen – es ist nicht sichtbar.

Menschen, die psychotisch geworden sind, hatten oft Mütter, die ihnen eben genau diesen Satz oft sagten: „Du bist für mich wie aus Glas" (Searles, 2008). Dieser Satz fällt in diese Kategorie: „Der Weihnachtsmann/der liebe Gott sieht alles."

Menschen, die an einen persönlichen Gott glauben, meinen, dass dieser alles von uns weiß und uns innig kennt. Das kann ein sehr tröstlicher Gedanke sein, der auch Kinder beruhigen kann, denn so ist man niemals allein. Es kann sich jedoch auch verfolgend anfühlen. Wenn wir unseren Kindern so einen Glauben vermitteln, kann es sein, dass sie ihn als tröstlich und haltgebend oder ihn eben als bedrohlich und verfolgend erleben.

Psychische Gesundheit heißt jedoch in der Regel auch, dass wir gewiss sind, dass kein anderer Mensch von außen alles in uns sehen kann. Menschen mit schweren psychischen Störungen sind von dem Gedanken gequält, dass andere ihre Gedanken lesen könnten.

Und selbst wir können nicht immer erfassen, was in uns eigentlich los ist, wo wir uns und andere belügen und wo wir ehrlich sind. Wir können unser eigenes Unbewusstes nicht ganz erfassen und verstehen uns sehr oft selbst nicht. Wir haben sozusagen auch eine innere Grenze zu uns selbst. Zur psychischen Gesundheit gehört, dass wir uns unserer Grenzen bewusst sind und dass wir sie fühlen und anerkennen können.

Es ist wichtig für uns, dass wir Gedanken denken können, ohne das Gefühl zu haben, ein anderer könnte sie gleich mitlesen. Es ist eine große Freiheit, wenn wir in Ruhe denken können: „Am liebsten würde ich meine Mutter umbringen" und dabei genau spüren, dass es eben nur ein Gedanke und keine Tat ist und dass unsere Mutter – ob noch lebend oder bereits verstorben – diesen Gedanken jetzt mit hoher Wahrscheinlichkeit nicht mitbekommt.

Natürlich funktioniert das „Gedankenlesen" in Grenzen: Wenn ich ein Schokoladeneis vor mich und meine Tochter stelle, dann denken wir höchst wahrscheinlich beide, dass wir das jetzt gerne hätten. Voraussetzung ist, dass wir gerade gesunde Mägen und Appetit haben. Doch darüber hinaus weiß ich nicht, was meine Tochter gerade denkt. Vielleicht spüren wir den „Mikro-Schmerz", der entsteht, wenn wir Sätze hören wie: „Der andere ist ein von uns getrennter Mensch."

Es gehört zu den tiefen Sehnsüchten der Menschen, sich mit einem anderen vollkommen zu verbinden, ja mit ihm zu verschmelzen. Doch gleichzeitig ist es auch unser Wunsch, ein eigenständiger Mensch zu sein. Jeder verbindet diese Gegensätze in sich anders.

Die Schwangerschaft verbildlicht diesen Gegensatz von Verbundenheit und Getrenntheit sehr schön: Das Kind war einerseits ein Teil von uns, andererseits jedoch auch schon im Bauch stets von uns getrennt. Es gab die verlässliche Plazentaschranke. Doch die Plazenta ist stellenweise natürlich auch durchlässig, sodass sich im Kreislauf von Mutter und Kind teilweise dieselben Stoffe befinden – insbesondere Sauerstoff, Vitamine, aber auch Gifte gehen vom mütterlichen in den kindlichen Kreislauf über.

Es ist lebensnotwendig für Mutter und Kind, dass die Mutter die Grenzen des Kindes anerkennen kann. Es ist wichtig, sich in sein Kind einfühlen zu können, zu erahnen, was es wohl spüren und denken mag, aber es ist ebenso wichtig, mit Respekt anzuerkennen, dass wir unser Kind nie ganz erfassen können.

Unser Kind ist von Anfang an eben auch ein ganz eigener Mensch. Der Grad der Abhängigkeit von der Mutter verringert sich im Laufe des Lebens immer weiter, was manchmal überwiegend als Schmerz, oft aber auch als Erleichterung empfunden wird.

Wenn wir unser Kind dann ziehen lassen, möchten wir mit ihm verbunden bleiben und das bleiben wir ja auch: Die emotionale Verbindung trägt uns, die Beziehung geht sozusagen in unserem Inneren weiter. Wenn wir voneinander getrennt sind, wünschen wir uns dennoch oft, dass wir auch „realen" Einfluss auf unser Kind haben könnten, z. B. durch unser Wünschen, Beten und Denken.

Wenn ich für mein Kind ein Kerzchen anzünde, während es eine wichtige Prüfung hat, dann kann ich damit den Verlauf der Prüfung höchst wahrscheinlich nicht direkt beeinflussen. Aber ich kann in Gedanken bei meinem Kind sein. Und wenn mein Kind weiß, dass jetzt gerade eine Kerze leuchtet, dann kann es vielleicht beruhigter oder konzentrierter bei der Arbeit sein. Die innere Haltung von Mutter und Kind hat dann vielleicht einen indirekt positiven Verlauf auf die Arbeit.

Es kann aber auch sein, dass sich das Kind bedroht davon fühlt, dass die Mutter jedes Mal ein Kerzchen anzündet, wenn es eine Arbeit schreibt. Es fühlt sich vielleicht dadurch verfolgt. Es ist dadurch vielleicht sogar motiviert, dagegen zu arbeiten und etwas zu zerstören.

Vielleicht hat es Angst, die Mutter würde in Gedanken in den eigenen Kopf steigen. So kann es sich schlechter konzentrieren und ist mit kindlichen Ängsten beschäftigt. Es ist also immer alles von zwei Seiten zu betrachten, denn die Psyche ist hochkomplex.

Wir können positiv denken, wir können beten und meditieren. Unsere innere Haltung beeinflusst unsere Beziehung zu uns selbst, zu anderen und zur Welt. Aber wir sollten uns immer bewusst sein, dass wir eben nicht zaubern und nicht „wissen" können, was und wie viel wir bewirken können. Wir können jedoch auch noch nach unserer Schwangerschaft ein Leben lang in guter Hoffnung bleiben.

Wie unsere „Intuition" uns täuschen kann

Es ist auch für uns Erwachsene nicht immer leicht, zu unterschieden, was eigene Phantasie ist und was Wirklichkeit. Es lässt sich aber sagen: Sobald sich Menschen über Dinge, die unsicher sind, auf einmal „ganz sicher" sind, geht es meistens in eine krankhafte Richtung. Wenn wir im Wahn sind, dann sind wir uns „ganz sicher", dass wir da weiße Mäuse sehen.

Im Wahn sind wir uns dann „ganz sicher", dass unserem Kind etwas zugestoßen ist. Damit versuchen wir abzuwehren, dass wir eben etwas nicht wissen. Vielleicht ist es auch unsere unbewusste Aggression, die dazu führt, dass wir uns wünschen, dass unserem Kind etwas zustößt. Doch dieser Gedanke ist für uns so inakzeptabel, dass wir ihn lieber in eine schreckliche Sorge umkehren.

Unsicherheit aushalten zu können, ist eine ganz wichtige Fähigkeit des psychisch gesunden Menschen. Sie ist besonders wichtig für Mütter.

Besonderen Respekt bringe ich jedoch den Müttern entgegen, die tatsächlich auf einmal Gewissheit hatten, dass ihrem Kind etwas passiert war, und es entsprach der Realität.

Nicht selten erzählen Menschen, dass sie den Zeitpunkt des Unfalls eines geliebten Menschen gespürt haben. Die Verbundenheit lässt so manche Wunder geschehen, doch passiert auch täglich das Gegenteil: Unsere „Intuition" sagt uns etwas und wir sind ganz gewiss, dass es stimmt. Doch dann zeigt sich, dass wir uns geirrt haben. Solche Erfahrungen gehen meistens im Alltag unter.

„Ich war auf einmal total unruhig", erzählte mir eine Mutter. „Ich sagte zu meinem Mann: ‚Lass uns sofort nach Hause fahren! Mit den Kindern bei Oma, da ist irgendetwas furchtbar Schlimmes passiert! Ich spüre das ganz genau, ich bin mir ganz sicher!' Mein Mann verdrehte zwar die Augen, aber irgendwie war er auch besorgt und wir fuhren sofort nach Hause. Dort angekommen fanden wir die Kinder vergnügt bei den Großeltern vor. Sie spielten mit den Nachbarskindern und wollten gar nicht nach Hause. Wir ließen sie dann noch die geplanten restlichen Tage dort."

Uns fällt es auf, wenn wir eine Ahnung hatten, die sich als „wahr" erwies. Aber wir sollten uns immer bewusst darüber sein, dass wir sehr viele Ahnungen haben, die sich als nicht real erweisen und die viel mehr mit unserer inneren Welt zu tun haben als mit der Welt da draußen.

Wichtig ist es, dass wir mit Glauben und Spiritualität nicht leichtfertig umgehen – wenn wir das Gefühl haben, dass wir unsere Kinder in etwas hineindrängen wollen, wogegen sie sich wehren, dann können wir einen Schritt zurückgehen und schauen, was passiert. Welche Glaubens- und Gottesbilder, welche Ideen und Gedanken hat unser Kind? Wie sieht es bei uns selbst aus? Bleiben wir offen für unsere eigenen Abgrenzungswünsche und für die Grenzen, die unser Kind uns gegenüber zieht.

Was macht eine „gute Mutter" aus?

Was eine „gute Mutter" ausmacht, das sehen wir ganz schnell: Sie schnippelt frisches Gemüse in die Tupper-Dose, die selbstverständlich mit einem wasserfesten Namensschildchen versehen ist, sie hält immer eine Matschhose bereit, setzt Regeln konsequent durch, beschränkt Tablet- und Fernsehnutzung auf eine Stunde pro Tag, kocht Vollkornnudeln, besucht Elternabende und cremt ihr Kind regelmäßig ein, nachdem sie das Zähneputzen gewissenhaft beaufsichtigt hat. Natürlich richtet die gute Mutter auch den perfekten Kindergeburtstag aus und sorgt für genügend Holzspielzeug und Bücher im Kinderzimmer.

> *Oder anders gesagt: Die gute Mutter scheint irgendwie immer die andere zu sein, während wir selbst schon allein damit Probleme haben, die Schulbutterbrote zu schmieren.*

Ich mag den Ausdruck des Kinderanalytikers Donald Winnicott sehr – er prägte den Begriff der „Good-enough-Mother", also der Mutter, die gut genug ist. Wohl jede Mutter hat von der Schwangerschaft an die Sorge, ob sie eine gute Mutter sein wird, ob sie alles „richtig" machen wird oder ob sie ihr Kind in irgendeiner Weise schädigen wird. Hinzu kommt, dass vieles eben gar nicht in unserer Hand liegt (Winnicott, 1957).

Viele Mütter sind schrecklich verzweifelt, wenn sie sehen, dass sich manche Schicksale einfach nicht abwenden lassen. „Mein Kind bekommt jetzt genau das ab, was in der Familie des Vaters immer das Problem war. Es ist so ungerecht, dass sie jetzt darunter zu leiden hat, wofür sie überhaupt nichts kann!", sagt eine Mutter.

Wir haben als Mutter recht wenig in der Hand. Wir können unserem Kind das angedeihen lassen, von dem wir glauben, dass es das Beste für unser Kind ist. Doch dann kommt der Vater mit ins Boot und hält genau das andere für das Beste, weil er eben ganz andere Erfahrungen gemacht hat.

Beide Eltern sagen sich: „So, wie ich es erlebt habe, soll es fürs Kind (nicht) sein!" Während die Mutter vielleicht eine zu „lässige Mutter" hatte und dadurch bei ihrem Kind den Gegenkurs einschlagen will, hatte der Vater vielleicht eine zu strenge Mutter und möchte dadurch eher lockerlassen beim Kind. Und schon haben wir den Salat: Das Richtige scheint einfach nicht durchzusetzen zu sein.

Ähnlich ist es mit dem Wort „Kindeswohl". Abgesehen von extremen eindeutigen Fällen versteht unter „Kindeswohl" wohl jeder etwas anderes. Dabei wird oft übersehen, dass es dem Kind nur gut gehen kann, wenn es den Eltern gut geht. Man könnte sagen, dass das „Elternwohl" unabdingbar ist für das Kindeswohl.

Eine gute Mutter ist also eine Mutter, der es selber gut geht. Eine Mutter, die in einem weitgehend gesunden Elternhaus groß wurde, die vielleicht unterstützende Geschwister, einen liebenden Partner und mithelfende Eltern und Schwiegereltern hat, die nicht unter Geldsorgen leidet und gesund ist, kann sich relativ leicht um ihr Kind kümmern.

Und Sie sehen schon: Wo soll es so eine Mutter geben? Die Welt ist nie ideal und wir alle haben unsere Verletzungen aus unserer eigenen Kindheit davongetragen. Jede Mutter hat ihren eigenen, hochindividuellen Kummer.

Ich denke, dass wir aber dennoch Einiges in der Hand haben, wenn wir ein paar

Dinge bedenken. Wir können für das Kind eine gute Mutter sein, wenn wir die Dinge möglichst nicht dramatisieren. Wenn wir meinen, A sei gut für das Kind und der Vater B für richtiger hält, dann wird die Spannung erträglicher, wenn man vom Absoluten wegrückt.

Wir wissen nicht, ob A oder B besser für das Kind sein wird, wir wissen nur, dass beide Elternteile das Beste für ihr Kind wollen.

Oder nehmen wir auch hier die Schärfe heraus und sagen: Beide Eltern wollen, dass es ihrem Kind gut geht. Das spürt das Kind. Und wenn es merkt, dass ihre Eltern nicht einfach so entscheiden, dass sie mit sich ringen, dass es ihnen eben nicht egal ist, was mit ihm passiert, dann geht die Macht von A oder B ein wenig verloren.

Das Entscheidende ist, dass das Kind unser Bemühen spürt. Es fühlt sich begleitet und so wird es wahrscheinlich sowohl mit A als auch mit B gut zurechtkommen. Wenn man offenbleibt und weiter nachdenkt, kann auch die Zeit zeigen, was gut ist für das Kind und man kann sich vielleicht umentscheiden. Wichtig ist es also, das Dramatische aus den Situationen herauszunehmen – allein das schon sorgt für die psychische Gesundheit des Kindes.

In der Psychotherapie und Psychoanalyse weiß man, dass das „Mentalisieren" ein wichtiger Bestandteil der Therapie ist. „Mentalisieren" bedeutet, dass man fähig ist, über sich und den anderen nachzudenken, dass man seine eigenen und die Beweggründe des anderen in seine Überlegungen einbezieht und die Dinge sozusagen innerlich hin- und herbewegt.

Wir alle wissen, dass wir nicht gut nachdenken können, wenn wir sehr aufgebracht sind. Starke Wut, aber auch starke Freude, können die Fähigkeit, nachzudenken, verringern.

Daher sind wir auf jeden Fall eine gute Mutter, wenn wir versuchen, unsere Fähigkeit, nachzudenken, aufrecht zu erhalten.

Je brenzliger eine Situation ist, desto wichtiger ist es, dass wir ruhig bleiben können. Wenn wir uns sehr gekränkt fühlen oder Angst haben, unsere „Autorität" zu verlieren, dann können wir ebenfalls unsere Fähigkeit zum Nachdenken verlieren. Wir schießen dann vielleicht mit voreiligen Strafen heraus, die viel zu hart sind und viel zu unbedacht kommen. Das sind dann negative Situationen, die in der Erinnerung von Mutter und Kind verankert bleiben.

Schuldzuweisung, Vorwürfe und Schuldgefühle können die Gefühle leicht aufschaukeln. Alles, was der Entspannung dient, erleichtert unsere Beziehung zu unserem Kind. Dabei müssen wir jedoch nicht in eine Art „Entspannungsstress" geraten und glauben, dass jede Art von Anspannung unserer Beziehung zum Kind schadet.

Es ist ähnlich wie mit dem Lernen: Sind uns die Dinge zu leicht oder sind wir überhaupt nicht nervös, dann verlieren wir unsere Aufmerksamkeit. Ist der Lernstoff viel zu schwer und sind wir zu angsterfüllt, dann können wir ebenfalls nicht lernen. Lernen funktioniert am besten auf einem mittleren Anspannungsniveau. Das heißt, dass wir Entspannung nicht verwechseln sollten mit der Haltung von „Es ist mir egal".

Kinder fühlen sich gut, wenn sie das Gefühl haben, dass sie sich frei bewegen und entwickeln dürfen und dabei gleichzeitig Halt haben und mit der Mutter, dem Vater und anderen verbunden sind.

Dieses Gleichgewicht aus Verbundenheit und Freiheit herzustellen, hilft unserem Kind, psychisch gesund zu bleiben. Doch auch das ist natürlich ein Ideal – wann fühlen wir selbst uns denn ausgeglichen? Wann fühlen wir uns selbst in der Beziehung zu unserem Partner oder zu anderen gleichzeitig frei und gut verbunden? Wir können uns unseren Idealen oft nur annähern.

Wir müssen die Ideale nicht erreichen. Oft reicht es, wenn wir darum ringen und uns Mühe geben und dabei die Erfahrung machen, dass es sich lohnt. Dazu brauchen wir jedoch viel Geduld und eine ganz besondere Fähigkeit: Wir benötigen die Fähigkeit, Unangenehmes in uns halten zu können.

Wir wissen, wie schwer es ist, nicht gleich alles abzuwehren. Wir wollen uns nicht neidisch, traurig, wütend, eifersüchtig, defizitär, ausgeschlossen, verlassen, eingeengt oder gezwungen fühlen. An manchen Tagen möchten wir das sofort ausstoßen und sagen: „Was für ein Quatsch!", „Schluss jetzt damit!", oder „Du bist schuld!"

Psychische Gesundheit zeichnet sich jedoch dadurch aus, dass wir auch extrem unangenehme Gefühle ein Weilchen in uns halten können („containen" können) und darüber nachdenken können. „Was? Unser Kind hat ein anderes geschlagen? Das kann nicht sein!", denken wir. „Unser Kind hat uns beleidigt! Das solle es nie wieder tun!", fährt es uns durch den Kopf.

Doch auch das, was uns völlig sinnlos und schmerzhaft erscheint, will in einen Zusammenhang gesetzt werden. Wir helfen unserem Kind, wenn wir die Frage stellen: „Warum?" Wenn unser „Warum" ernst gemeint ist und wir echtes Interesse für die Innenwelt unseres Kindes zeigen, dann können wir damit sehr vieles bearbeiten, was uns vorher als unverdaulich und unfassbar erschien.

In der Babyzeit wird diese Fähigkeit der Mutter, etwas Psychisches vom Kind aufzunehmen, besonders deutlich. Wir merken es als Mutter fast gar nicht, aber wenn wir ein kleines Kind auf dem Arm oder dem Schoß haben, dann nehmen wir häufig eine träumerische Haltung ein.

Wir schauen unserem Kind beim Spielen zu und träumen dabei: „Wie mag es meinem Kind gehen? Werde ich es gut machen? Wie wird es einmal aussehen? Es soll bloß nie Drogen nehmen! Warum hat es so schlecht geschlafen? Warum fühle ich mich schon wieder so schlapp?"

Viele Gedanken gehen der Mutter durch den Kopf, während sie träumt. Dieser Zustand wird auch als „Reverie" bezeichnet (französisch = Träumerei). Der Begriff wird in der Psychoanalyse verwendet, denn der Psychoanalytiker nimmt gegenüber dem Patienten eine träumerische Haltung ein. Einerseits lässt man sich dabei vom Patienten in ein gemeinsames Erleben ziehen, andererseits bleibt man innerlich nachdenklich und fragt sich, was das zu bedeuten hat, was da passiert.

Im Grunde geht es immer wieder um dasselbe: Wenn wir versuchen, sowohl uns selbst als auch unserem Kind gegenüber neugierig und interessiert zu bleiben und die Dinge zu verarbeiten, anstatt sie abzuschmettern, dann sind wir eine „gute Mutter".

Eine gute Mutter ist aus meiner Sicht eine Mutter, die gut über das Kind „träumen" kann, die nicht direkt konkret (oder impulsiv) handelt, die Unangenehmes eine Weile aushalten kann, die sich und das Kind ernst nimmt und so gut wie möglich nachdenklich bleibt.

Häufig ist das alles zu viel verlangt, vor allem, wenn wir selbst eine schwierige Kindheit hatten oder uns aktuell in einer schwierigen Lebenslage befinden. Es ist so leicht, so klug darüber zu schreiben, doch wenn ich selbst als Mutter wieder in einer schwierigen Situation stecke, merke ich selbst, wie weit ich von diesen ganzen Idealen entfernt bin.

Es kann hilfreich sein, sich Unterstützung zu suchen und mit anderen über die eigenen Schwierigkeiten zu sprechen. Manche Mütter machen auch alles am liebsten mit sich selbst aus – manchmal bleibt einem auch nichts anderes übrig.

Wie immer man es macht – sich selbst ernst zu nehmen ist das Wichtigste. Manchmal muss man auch die eigene Scham überwinden – viel zu häufig denken wir, dass es nur uns selbst so geht und dass andere Mütter von dieser höllischen Innenwelt keine Ahnung haben. Aber wir können wirklich davon ausgehen, dass auch die anderen Mütter viele unserer eigenen Leiden kennen.

Liebe kann man nicht befehlen

„Anfangs hat es mich sehr gequält und ich konnte nicht darüber reden: Wenn ich mein Kind ansah, dann merkte ich, dass ich es ja gar nicht lieben kann. Ich setzte mich furchtbar unter Druck, sagte mir immer wieder, was für ein Glück ich doch hatte. Doch der Effekt war derselbe wie der, den ich habe, wenn ich mich morgens im Spiegel anschaue und mir versichern möchte, was für ein wunderbar liebenswerter Mensch ich bin. Bei mir hat es keine Wirkung", sagt eine Mutter, die an einer postpartalen Depression litt.

Doch auch ohne Depression sind wir als Mutter besorgt, wenn wir bemerken, dass wir unser Kind nicht ständig lieben können. Wir sind verunsichert, setzen uns unter Druck und haben das Gefühl, unseren eigenen Ansprüchen nicht gerecht zu werden.

Es ist gar nicht klar, woher die Forderung ihren Ursprung nahm, aber wir fordern uns immer wieder selbst auf: „Du musst lieben." Das funktioniert ungefähr so gut wie die Aufforderung: „Du musst jetzt schlafen" in einer schlaflosen Nacht oder „Du musst Dich jetzt freuen!" an einem traurigen Tag. Liebe kann man nicht befehlen – weder sich selbst noch anderen. Liebe kann man auch nicht erwarten. Sie entwickelt sich.

Das Problem ist, dass uns das Abwarten oft so schwerfällt. Es ist eben schwierig, zu lieben, wenn wir gerade hundemüde und gestresst sind oder wenn unser Kind schon wieder krank ist. Wenn unser Kind ein paar Tage wegfährt, sind wir besorgt darüber, dass wir uns so sehr über seine Abfahrt freuen und es in den ersten beiden Wochen nicht vermissen. Doch dann kommt unsere Erholung und eines Morgens wachen wir wahrscheinlich auf und merken: Wir vermissen unser Kind.

Es ist auch möglich, dass wir in langen Phasen unser Kind nicht lieben können oder dass uns eine Depression den emotionalen Zugang zum Kind versperrt. Dann suchen wir vielleicht einen Psychotherapeuten auf. Doch normalerweise brauchen wir uns nicht zu stressen: Zeiten größerer Zuneigung wechseln sich mit Zeiten geringerer Zuneigung ab. Manchmal tun wir uns auch mit einer bestimmten Lebensspanne unseres Kindes schwer, z. B. weil wir in seiner Pubertät wieder an die eigene Pubertät mit ihren unguten Gefühlen erinnert werden.

Wichtig ist, dass wir abwarten können und dass wir aufhören, uns zu bemühen. Denn durch das Sich-Bemühen läuft uns die Liebe davon. „Liebe Deinen nächsten wie Dich selbst", heißt es, doch das Problem besteht oft darin, dass wir uns selbst gerade vielleicht nicht besonders lieben. Wenn es uns gelingt, von unseren inneren Soll-Ansprüchen weg-zukommen, ist schon viel gewonnen. Denn Liebe entsteht besonders dann, wenn wir frei von Druck sind. Sie geschieht. Sie lässt sich niemals zwingen.

„Bin ich eine gute Mutter?", fragen wir uns immer und immer wieder. Es ist kraftraubend, wenn wir uns immer wieder selbst anzweifeln. Das „Gute" am Muttersein ist oft nach außen hin nicht sichtbar. Sie können jedoch innerlich arbeiten und sich erleichtern, indem Sie sich dies verdeutlichen: Liebe lässt sich nicht erzwingen. In Zeiten mit „wenig Liebe" können Sie abwarten.

- Es reicht, wenn wir als Mutter „ausreichend gut" sind. Und das ist keine „Leistung" – im Gegenteil: Wo immer wir die Dinge auch mal „sein" lassen können, tun wir uns und unserem Kind etwas Gutes.
- Die Dinge „sein" zu lassen heißt nicht, desinteressiert, „antiautoritär" oder gleichgültig zu sein. Versuchen Sie vielmehr, Ihr Kind mit Neugier und Gelassenheit zu begleiten.

Besondere Lebenslagen als Mutter meistern können

Alleinerziehend sein

„Ich bin auch quasi alleinerziehend – mein Mann kommt immer erst um 20 Uhr nach Hause." Ein Satz, den viele Alleinerziehende zu hören bekommen und der ihnen immer wieder einen Stich versetzt. „Abends ab 20 Uhr fangen die Probleme doch erst an", denkt Carolin traurig. „Gerade die Nacht ist doch das Problem!", sagt Lea.

„Während die verheiratete Mutter über das Pseudo-Alleinerziehendsein stöhnt, verdient ihr Mann aber gerade Geld, während sie mit uns am Kaffeetisch sitzt. Während ich am Kaffeetisch sitze, bleibt die Geldmaschine stehen", sagt Cora, die sich als Alleinerziehende selbstständig gemacht hat, um Beruf und Kind überhaupt vereinen zu können.

In jeder fünften Familie in Deutschland lebt ein Elternteil allein mit Kindern im Haushalt (Robert-Koch-Institut, 2017).

Natürlich macht das Elend vor verheirateten Frauen nicht halt. Und es gibt viele verheiratete Mütter, die aus den verschiedensten Gründen an ihren Partner gefesselt sind und die Alleinerziehenden beneiden.

Doch der Gesundheitsbericht des Bundes zur Gesundheit alleinerziehender Mütter und Väter (2003) zeigt deutlich auf, dass Alleinerziehende belasteter sind und häufiger krank werden als Mütter, die einen Partner an ihrer Seite haben.

„Weißt Du, ich habe Dir echt unrecht getan", sagt eine Freundin, die überraschend ihren Partner verlassen hat. „Mein Mann war wirklich kaum zu Hause, aber jetzt, wo ich tatsächlich alleinerziehend bin, merke ich diesen riesigen Unterschied: Alles muss ich nun alleine entscheiden und die Geldsorgen sind immens geworden."

Was wohl allen Müttern wichtig ist, ist die Wertschätzung und Anerkennung ihrer täglichen Arbeit. Wir können nicht erahnen, in welchen Problemen die einzelnen Mütter stecken. Doch das Alleinerziehendsein ist oft unfassbar hart. „Letztens hatte ich nachts Herzschmerzen und Fieber. Ich musste den Krankenwagen rufen, habe ihn aber gleich wieder abbestellt. Mir fiel einfach nicht ein, wie ich mein Kind unterbringen sollte. Also quälte ich mich durch die Nacht und versuchte, irgendwie ein Mindestmaß an Gesundheit und Funktionstüchtigkeit aufrecht zu erhalten", erzählt eine Mutter.

Häufig kommt dann ein Ratschlag, den wohl alle Alleinerziehenden kennen: „Wenn doch alles so schwierig ist, warum tut Ihr alleinerziehenden Mütter und Väter euch nicht zusammen?" Ja, warum eigentlich nicht?

Man könnte doch beispielsweise sagen: „Ich nehme Dein Kind, während Du arbeitest, und Du nimmst mein Kind, wenn ich arbeite." Klingt logisch. Das Problem ist nur: Jede Mutter findet mit ihrem Kind einen hochindividuellen Rhythmus. Der Schlafmangel ist eines der größten Probleme alleinerziehender Mütter. Also versuchen sie, ein System zu finden, in dem sie möglichst viel Schlaf nachholen können.

Viele Mütter schlafen morgens zwischen 9 und 10 Uhr, nachdem sie ihre Kinder in die Kita oder die Schule gebracht haben. Doch jede Mutter findet ihre eigenen Schlafminütchen – sie hängen stark ab vom Schlaf-wach-Rhythmus des Kindes. Und oft gibt es auch keine Rhythmen im trubeligen Alltag und man legt sich rasch auf die Couch, wenn das Kind gerade im Spiel vertieft oder selbst kurz eingenickt ist.

Jede Mutter richtet sich ihre Zeiten mit dem Kind ein – manche Kinder schlafen schon um sieben Uhr, weil sie keinen Mittagsschlaf machen, andere Mütter und ihre Kinder können ohne den Mittagsschlaf nicht auskommen, was nicht selten zur Folge hat, dass beide erst um 23 Uhr schlafen gehen.

Die Rhythmen sind so unterschiedlich und die Kräfte so knapp bemessen, dass es vielen oft mehr Last bedeutet, sich mit anderen Müttern (oder Vätern) zusammenzutun, als sich alleine durchzuwurschteln.

Andererseits tun sich alleinerziehende Mütter natürlich zusammen – in welcher Form auch immer. Manchmal ist es ein Montag-Nachmittag, an dem die Mütter reihum alle Kinder nehmen, manchmal wechseln sie sich ab beim Abholen der Kinder von der Kita. Häufig teilen sich natürlich auch alleinerziehende und nicht-alleinerziehende Mütter einige Aufgaben. Manche Mütter gründen auch Spielgruppen oder arbeiten gleich als Tagesmutter, sodass auch die Freundinnen gerne ihre Kinder dort betreuen lassen.

Doch wer wirklich alleine fast das gesamte Geld verdienen muss, wer den Anschluss im Beruf nicht verlieren will und nicht auf Eltern oder Geschwister zurückgreifen kann, der ist mit seinem Management immer am Rande seiner Möglichkeiten. Der Gedanke, es könnte doch einfacher gehen, wenn man sich zusammentut, ist häufig nur theoretisch logisch. Allein die Fahrerei zwischen den Stationen ist oft ein zu großer Aufwand, sodass man sich dann lieber zu einem Spaziergang trifft, wenn's gerade passt.

Wenn das Kind dann schon wieder mit Fieber aus der Kita kommt, sind alle Pläne für die nächsten Tage sowieso erst mal dahin. Sobald das Kind durch ist mit seinem Infekt, haut es die Mutter um. Und auch hier sind die Rhythmen, wann Kinder krank werden so unterschiedlich, dass es wieder schwierig wird mit Verabredungen zu festen Zeiten.

Jede alleinerziehende Mutter weiß, dass man sich doch theoretisch zusammentun könnte, doch in der Realität ist das oft nicht so leicht umzusetzen. Je höher die Anforderungen an die Mutter im Alltag sind, desto schwieriger kann es sein, Netzwerke zu organisieren. Babysitterkosten können daher immense Summen annehmen.

Doch bei Alleinerziehenden ist vielleicht ein Effekt besonders stark spürbar: Es wird bei den meisten jedes Jahr ein bisschen leichter. Mit dieser Hoffnung im Gepäck lässt sich so manche nicht enden wollende Nacht leichter durchstehen.

ADHS, Asperger und Co. – Kinder mit besonderen Bedürfnissen

Mütter von Kindern mit ADHS; Asperger-Autismus und anderen psychischen Störungen sind oft sehr verunsichert. Das „Schuldthema", das bei Müttern sowieso immer eine Rolle spielt, spitzt sich bei psychischen Auffälligkeiten enorm zu. „Was habe ich nur falsch gemacht?", lautet die bange Frage bei vielen. Andere hingegen fühlen sich sicher: „Ich habe gar nichts falsch gemacht – heute ist es erwiesen, dass es sich um eine neurobiologische Störung handelt" (Autismus-Spektrum-Störungen, Leitlinie, 2016).

Viele Mütter fühlen sich sehr entlastet, wenn ihr Kind eine handfeste Diagnose erhält. Endlich hat das Kind einen Namen. Es gibt spezielle Hilfsangebote, Selbsthilfegruppen und Erklärungsmodelle für die Auffälligkeiten, die endlich benannt werden können.

Die Medizin ist zu einigen Ergebnissen gekommen, die den Betroffenen die Last von den Schultern nehmen: Frühkindlicher Autismus und Autismus-Spektrum-Störungen gelten heute als eine neurobiologische Erkrankung, ADHS gilt als genetisch vererbt (Leitlinie, 2016). Dadurch wird offensichtlich, dass niemand etwas dafür kann. Diese Erscheinungen gelten heute als eine Art Schicksal, dem jedoch mithilfe von Medikamenten und Kompetenztrainings entgegengewirkt werden kann.

Manchmal findet ein regelrechter Krieg statt zwischen Vertretern der „biologischen" und denen der psychologischen Ursachen. Wenn ich aber nun mal eine Mutter eines ADHS-Kindes bin – was bleibt mir dann anderes übrig, als mich den Gegebenheiten zu fügen?

Ich möchte hier den Betroffenen Mut machen, offenzubleiben. Mir fällt auf, dass gerade beim Thema ADHS, aber auch bei anderen Störungen immer wieder dieselben Worte fallen: Konsequenz, Regeln, Grenzen, Sicherheit, Aggression und Antiaggressionstraining.

Ich stelle bei erwachsenen ADHS-Patienten immer wieder fest, dass ihre
Unruhe mitunter schlagartig aufhört, sobald sie es sich erlauben können, zu
weinen. Ich denke, dass die Trauer bei ADHS eine sehr große Rolle spielt und
dass viele Mütter von Kindern mit ADHS oft eine Kindheit erlebten, in der
sie selbst emotional nicht gut gehalten wurden.

Angehörige, die gestorben oder auf andere Weise verloren gingen, durften
häufig nicht ausreichend betrauert werden. Damit der Alltag funktioniert,
neigen viele Mütter dazu, über störende Emotionen hinwegzugehen – aus
Angst davor, dass es sonst zu einem völligen Zusammenbruch kommt.

Viele Mütter, die ich in der Klinik aufnehme, berichten, dass ihr Kind ADHS
hat. Nicht selten spielt dabei auch der fehlende Vater eine Rolle – die Mutter
ist oft mutterseelenallein und muss den ganzen Problemberg mehr oder weniger alleine bewältigen. Der Vater des Kindes wird häufig nicht als Unter-
stützer, sondern als zusätzlicher Störfaktor erlebt, der einem das Leben zur
Hölle macht.

Doch zurück zur Mutter-Kind-Beziehung: In der Entwicklungspsychologie
gibt es ein Experiment mit dem Namen „Still Face Experiment". Man filmt
dabei ein Mutter-Kind-Paar, wobei die Mutter angeleitet wird, auf das Lächeln ihres Kindes nicht mit Lächeln zu reagieren. Das Kind blickt also in ein
gefühlsarmes Gesicht. Und es ist erstaunlich, wie rasch diese Kinder bewe-
gungsunruhig werden. Sie winden sich bereits nach wenigen Sekunden oder
Minuten, strampeln und beißen sich mitunter in die Hand.

Dies zeigt, wie sehr Unruhe und emotionales Gehaltenwerden zusammenhängen können. Wenn Sie selbst nun als Mutter kaum emotional gehalten
wurden und werden, dann kann es sein, dass Sie bemüht sind, bestimmte
Gefühle wie z. B. Trauer zu verdrängen.

Trauer kommt oft dann, wenn es Zeit und Raum dafür gibt und wenn jemand da ist, der die Trauer aufnehmen kann. Die verdrängte Trauer kann ein Kind unter Umständen jedoch spüren und tatsächlich davon auch noch unruhiger werden.

„Jetzt soll ich also doch schuld sein?!", fragen Sie sich vielleicht. Doch „Schuld" ist jemand, der bewusst einem anderen Menschen wehtut. Davon kann überhaupt nicht die Rede sein.

Viele betroffene Mütter sind vielmehr völlig unverschuldet alleingelassen worden. Und die Last ist zu groß, um sie alleine zu tragen. Das heißt aber auch, dass es einem Kind wieder besser gehen kann, wenn die Mutter selbst wieder eine Beziehung findet, in der sie sich gehalten fühlen kann. Das kann zum Beispiel auch eine Psychotherapie oder eine gute Freundin sein.

Für viele Kinder könnte eine psychoanalytische Therapie ein lohnender Versuch sein. Die meisten Kinder erhalten eine Verhaltenstherapie, wo es um Verhaltensänderung, Denkmuster, Regeln und Konsequenzen geht. Doch auf gewisse Weise führt dies manchmal ungewollt dazu, dass wieder nicht nach dem „Warum" und nach den ursprünglichen Gefühlen und Phantasien gefragt wird.

Ich bewundere jede Mutter, die es schafft, einem Kind eine Therapie zu ermöglichen. Der Moment, in dem die Psychotherapie-Tür zugeht und das Kind mit dem Therapeuten im Raum verschwindet, hat etwas unglaublich Kränkendes. „Ich hab's falsch gemacht und der Therapeut soll es nun richten. Der meint, er könne es besser. Die beiden sprechen bestimmt über mich und machen mich schlecht."

Es ist sehr verständlich, wenn Gedanken wie diese auftauchen. Wenn Ihr Kind eine Therapie braucht, ist es gut, wenn Sie einen Therapeuten finden, bei dem auch Sie sich wohlfühlen. Manchmal dauert die Suche nach der richtigen Unterstützung länger als die Therapie selbst. Psychoanalytische Psychotherapeuten wie z. B. Dr. Hans Hopf verfolgen einen tief verstehenden Ansatz und haben die Erfahrung gemacht, dass es bei der Therapie dieser Störungen noch sehr viel Bewegungsspielraum gibt.

„Immer diese Infektionen!"

„Nicht schon wieder!", denkt Amelie, als ihr Kind mit roten Wangen weinerlich aufwacht. Schon wieder muss sie bei der Arbeit anrufen und sich entschuldigen. Und wenn ihr Kind krank ist, heißt das oft auch, zwei Nächte kaum zu schlafen und dann selbst krank zu werden. Viele Mütter sehen diesen Kreislauf schon vor sich, wenn ihr Kind nachts oder frühmorgens mit einem neuen Infekt erwacht.

Der Kinderarzt empfiehlt vielleicht eine Mandel- oder Ohroperation, was zu neuer Unruhe führen kann. In dieser Situation ist es nicht leicht, besonnen zu bleiben und zu sagen: Ich warte noch einmal ab und schaue dann in Ruhe.

Wenn das Kind ständig krank ist, wachsen die Aggressionen der Mutter. Das ist ganz natürlich, doch auch hier wollen viele Mütter ihre Aggression verstecken. Sie können dies am besten, indem sie überfürsorglich werden.

Durch die Überfürsorge quälen sie sich jedoch auf eine Art selbst, denn es ist anstrengend, das Kind so zu umsorgen. Und wer sich selbst quält, der bestraft sich selbst – somit werden Schuldgefühle kleiner. Die Schuldgefühle bildeten sich aufgrund der Aggression, die man ja nicht haben will.

Manche Mütter finden dann eine psychisch „praktische" Lösung: Wenn ein Kind operiert wird, ist dies immer auch ein „aggressiver Akt". Manchmal ist eine Operation wirklich notwendig, doch gerade in Deutschland wird oft zu früh und zu viel operiert (Bertelsmann-Stiftung, 2019).

Durch eine Operation lässt die Mutter dem Kind etwas „Gutes" zukommen, doch es können unbewusst auch aggressive Regungen befriedigt werden. Wenn die „Aggression" in „Therapie" umgewandelt wird, erscheint erst einmal alles gut. Die Mutter ist erleichtert, dass „das Theater bald ein Ende hat". Die Versuchung ist groß, dem quälenden Kreislauf sozusagen mit einem Schnitt ein Ende zu setzen. Doch nicht selten geht der Infektionskreislauf auch nach einer Mandeloperation weiter und auch mit operierten Ohren haben sehr viele Mütter und Kinder großen Ärger.

Auch Infektionen wollen verstanden werden. Die Vorstellung, dass da Viren sind, die das Kind automatisch krank machen, ist sehr einseitig. Ob sich jemand infiziert und dadurch krank wird, ist immer eine Frage von „Virulenz und Resistenz". Die Frage lautet also: „Wie aggressiv ist das Virus und wie resistent bin ich?"

Und an unserer Resistenz können wir arbeiten! Wieder nach demselben Prinzip: Hören wir auf unsere innere Stimme. Wenn wir kleine Kinder haben, dann nützt uns das Wissen, dass z. B. Trennungen, die das Kind überfordern, zu erhöhter Cortisolausschüttung führen. Dadurch wird das Kind infektanfälliger (Vermeer, Van Ijzendoorn, 2006).

Man kann es sich so vorstellen, dass die Schleimhäute nach Stresssituationen die Viren leichter durchlassen. Hier haben wir ein sogenanntes „Open-Window-Phänomen": Wir öffnen dem Virus Tür und Tor, wenn wir uns selbst immer wieder übergehen und damit unsere (innere) Abwehrkraft schwächen. Wenn wir auf uns hören und unserem Körper geben, was er braucht, werden wir unempfindlicher gegenüber krankmachenden Einflüssen.

Zu einer besseren Abwehr gehört insbesondere ausreichend Schlaf. Wenn Kind oder Mutter dauerhaft müde sind, fühlen sich Infekte geradezu eingeladen.

Natürlich sind Mütter und Kinder häufig dauermüde, doch manchmal können wir es einrichten, dass wir selbst und unser Kind ausschlafen. Wir belächeln oft das Argument, dass wir müde sind. Bei einer echten Magen-Darm-Grippe rufen wir selbstverständlicher am Arbeitsplatz oder in der Kita an, um uns zu entschuldigen. Doch wenn wir einfach mal ausschlafen wollen, fällt es uns sehr schwer, uns dafür zu entschuldigen. Wenn wir es schaffen, hier innerlich flexibler zu werden, werden wir sehen, dass wir dadurch im Grunde Zeit sparen, weil manchmal ein zwei Stunden längerer Schlaf am Morgen fünf Tage Erkältungsinfekt verhindern können.

Das Argument „Mein Kind musste sich ausschlafen" wird oft belächelt, aber wenn wir alle uns bewusster werden, dass wir damit Schlimmeres verhindern können, dann ist damit allen geholfen.

Auch Konflikte in der Familie, Streitereien, ein neues Geschwisterchen, Überforderung in der Schule und vieles mehr, können unsere Immunabwehr schwächen. Wenn wir mehr auf den Zusammenhang zwischen psychischem Befinden und körperlichen Reaktionen achten, können wir manchmal noch eine Infektion abwenden. Dazu gehört unter Umständen auch, ein Treffen mit anderen abzusagen.

Und wenn es Sie wieder erwischt hat, dann stressen Sie sich nicht mit falschen Vorstellungen wie zum Beispiel der Vorstellung, dass ihr Kind zu Beginn des Infektes viel trinken müsse. Zwingen Sie Ihr Kind nicht, „viel zu trinken“. Heute weiß man, dass das normale Durstgefühl genau das Richtige anzeigt (Del Mar, 2004). Der Körper bildet zu Beginn einer Bronchitis vermehrt das „antidiuretisches Hormon“, das heißt, er hält schon von sich aus mehr Wasser als normalerweise zurück. Wenn wir da nun noch Wasser draufkippen, obwohl wir keinen Durst haben, kommt der Körper in seiner natürlichen Regulation durcheinander. Sie werden feststellen, dass ihr Kind etwa am dritten oder vierten Tag der Infektion ganz von sich aus nach mehr Trinken verlangen wird, weil sich dann der Körper wieder umstellt.

Dasselbe gilt für die „frische Luft“. Es gibt Phasen in der Erkältung, da wissen auch wir Erwachsene ganz genau: Wenn wir jetzt an die frische Luft gehen, geht es uns danach schlechter. Vertrauen Sie Ihrem Kind. Wenn es sich wirklich gegen etwas wehrt, dann wird es einen sinnvollen körperlichen oder emotionalen Grund haben.

Wenn wir nicht immer versuchen, das, was wir für richtig halten, durchzusetzen, können wir viel Kraft sparen. Natürlich gibt es Mütter von Kindern mit Diabetes oder anderen schweren Erkrankungen, bei denen Dinge ohne Diskussion vonnöten sind. Doch viele von uns beginnen schon bei der Frage nach Schnupfen und Fieberzäpfchen einen Kampf, der sich gut umgehen lässt. Die meisten Kinder verpacken ihren Schnupfen wie wir Erwachsenen auch nach sieben Tagen – mit oder ohne Medikamente.

Das Leben ist meistens nicht leicht, sondern eher schwierig und kompliziert. Es wird jedoch noch schwieriger, wenn wir erwarten, dass es leicht ist. Für viele

Mütter ist es besonders schwer: Nach einer eigenen schwierigen Kindheit, im Alleinsein, bei einer Behinderung oder psychischen Störung des Kindes kann das Muttersein im Vergleich zu anderen Müttern härter sein. Hiermit können Sie sich behelfen:

- Auch, wenn Sie sich noch so allein fühlen: Sie können sich ziemlich sicher sein, dass es „seelenverwandte" Mütter gibt. Vielleicht haben Sie gleichgesinnte Mütter schon als Freundinnen gefunden, vielleicht sind Sie noch auf der Suche. Auch, wenn Ihr Problem hochindividuell ist, so können sich andere Mütter in ähnlich speziellen Lagen in Sie einfühlen.
- Sie sind nicht „schuld" an dem Geschehen. Viele Schicksale und unbewusste Bewegungen spielen ins Muttersein hinein. Versuchen Sie, geduldig mit sich zu sein und Ihre Angst zu lindern z. B. durch Erfahrungen in der Natur. So bekommen Sie vielleicht die Kraft, Ihre speziellen Probleme anzuschauen.
- Versuchen Sie, so viel Schlaf wie möglich abzubekommen.

Muttersein im „schnöden" Alltag

Die Schlaflosigkeit und die Nächte

„Es ist so lange her, dass ich Mutter wurde, aber an den Schlafmangel kann ich mich erinnern, als wenn's gestern gewesen wäre", erzählt die Kursleiterin des Babyturnens. Während uns zu Beginn unserer Zeit als Mutter oft das Baby den Schlaf raubt, so sind es später die vielen Sorgen, die gerade in der Nacht zum Vorschein kommen. Zwischen zwei und drei Uhr ist es für viele am schlimmsten. Die Verantwortung, die wir tragen, lastet nachts besonders schwer auf uns.

Nach der ersten Tiefschlafphase (falls wir sie bekommen konnten) mischt sich wieder mehr Bewusstsein in unseren Schlaf. Unser Körper hat zu dieser Nachtzeit einen niedrigen Cortisolspiegel, sodass entzündliche Prozesse hier besonders aufblühen. Wer an Rückenschmerzen, Fibromyalgie, Heuschnupfen, Neurodermitis, Asthma oder ähnlichen entzündlichen Erkrankungen leidet, wird häufig um diese Zeit wach.

Geldsorgen und Probleme, die schier unlösbar erscheinen, kommen einem nachts in den Sinn. Die Probleme können so extrem und komplex sein, dass man das Gefühl hat, mit niemandem darüber reden zu können.

Ganz praktisch kann man sich mit dem Gedanken an die Telefonseelsorge trösten. Dieser Dienst steht uns unter der Telefonnummer 0800/1110111 rund um die Uhr zur Verfügung. Es sitzen kompetente Menschen am anderen Ende der Leitung und dies kann immer eine gute Erste Hilfe sein, wenn gedanklich und emotional gar nichts mehr geht. Eine emotionale Verbindung zu einem anderen Menschen – und sei es auch ein Fremder am Telefon – kann aus der inneren Not führen.

Manche Mütter versuchen, sogenannte Schlafhygiene-Regeln zu befolgen, doch nicht immer helfen sie. Zu den empfohlenen Regeln zählen zum Beispiel, den Fernseher aus dem Schlafzimmer zu verbannen, beim Aufwachen in der Nacht nicht auf die Uhr zu schauen, keinen Mittagsschlaf zu machen und im Dunkeln zur Toilette zu gehen.

Doch die Wirklichkeit sieht oft anders aus: Wir schauen auf die Uhr, knipsen das Licht an, stehen auf, kochen uns einen Tee oder heißen Kakao, lesen, surfen im Internet oder schauen ein wenig fern.

Nach etwa 1,5 Stunden kommt ein neues „Schlaffenster" und der tiefe Schlaf legt sich noch mal über uns, wenn auch leider erst kurz vor dem Weckerklingeln am Morgen.

Für viele ist es eine gute Lösung, das zu tun, wonach sie sich in wachen Nächten fühlen. Es hat oft keinen Sinn, krampfhaft zu versuchen, sich wieder in den Schlaf zu quälen. Oft hilft es mehr, wenn ich die Schlaflosigkeit akzeptiere, mich anpasse und gut für mich sorge.

Wenn der Fernseher im Hintergrund leise läuft, kann dies durchaus ein Geborgenheitsgefühl hervorrufen, das uns hilft, wieder einzuschlafen. Damit wir nachts nicht erneut vom blauen Fernsehlicht und einer unruhigen Sendung aufwachen, kann es sinnvoll sein, die Fernsehuhr zu nutzen, sodass er sich nach einer Stunde von selbst wieder ausstellt.

In den Nächten verstärken sich zudem die psychischen Probleme, die wir sowieso schon haben und auch unsere Kinder können von Problemen nachts stärker gequält sein.

Verdeutlichen Sie sich und Ihrem Kind, dass man nachts sowieso nichts machen kann. Die Nacht ist zum Nichtstun da (es sei denn, Sie arbeiten im Schichtdienst).

Natürlich kommt man durch Nachdenken in der Nacht manchmal auf eine gute Idee, doch wenn ich mich mit Grübeln quäle, kann es hilfreich sein, mich abzulenken. Zum Beispiel können Sie versuchen, sich auf die Luft vor den Nasenlöchern zu konzentrieren. Wenn Sie nur noch darauf achten, wie die Atemluft ein- und ausgeht, kann dies dazu führen, dass Sie sich völlig beruhigen. Dies kann man üben, sodass die Beruhigung mit der Zeit rascher eintritt.

Wichtig zu wissen ist jedoch auch, dass das, was wir als „Schlafstörung" bezeichnen, häufig gar keine Schlafstörung ist. „Ich werde immer schon nach vier Stunden wach!", sagt eine Mutter in der Klinik. Und ich denke: Das ist doch schon ein langes Stück Schlaf!

Unser Schlaf besteht aus kleinen Schlafhäppchen, den sogenannten „Schlafzyklen", die jeweils etwa 1,5 bis 2 Stunden dauern. Ein Schlafzyklus besteht aus verschiedenen Schlaftiefen sowie aus REM-Schlaf (Rapid Eye Movement = schnelle Augenwegungen unter geschlossenen Lidern) und Non-REM-Schlafstadien. In der REM-Phase träumen wir stark, während unsere Skelettmuskulatur ganz schlaff ist.

Nach einem Schlafzyklus werden wir kurz wach – häufig ohne es zu bemerken. Wir schlafen wieder ein und ein neuer Schlafzyklus beginnt, in dem wir langsam in den Tiefschlaf finden. Nach der REM-Phase wachen wir langsam wieder auf. Etwa vier bis fünf solcher Zyklen durchlaufen wir jede Nacht.

Zu Zeiten, in denen es noch kein elektrisches Licht gab, gingen die Menschen häufig mit Einbruch der Dunkelheit schlafen und wurden dann um Mitternacht wieder wach, wo sie aufstanden und zwei Stunden wach blieben (Hegarty, 2012; Ekirch, 2006).

Es spricht überhaupt nichts dagegen, sich die Nacht ein wenig aufzuteilen. Es ist so, dass wir pro Tag eine bestimmte Stundenzahl an Schlaf brauchen. Für die meisten Erwachsenen liegt der Schlafbedarf bei sieben bis neun Stunden pro Tag (Roenneberg, 2012).

Der Nachtschlaf von Frauen kann insbesondere durch die Menstruation, durch Schwangerschaft, Geburt und Wechseljahre gestört sein (Mehta, 2015). Wenn ich nachts jedoch nicht genug Schlaf bekomme, kann ich tagsüber diesen Schlaf nachholen, bis ich auf die benötigte Stundenzahl komme.

Die Nacht ist eine ganz besondere Zeit. Positiv ausgedrückt: Sie kann dazu anregen, sich seinem Kummer und seinen Sorgen hinzugeben. Wichtig ist, die eigene Innenwelt ernst zu nehmen. Wir können uns fragen: Was fühlen wir? Unruhe, innere Not, Sorgen, körperliche Beschwerden? Es ist interessant, einmal bewusst wahrzunehmen, wie sich die Welt zwischen Mitternacht und den frühen Morgenstunden für uns verändert.

Bei Schlafproblemen ist es besonders wichtig, die eigene Gefühlswelt wahrzunehmen und zu erspüren. Je mehr wir von den Gefühlen durch urteilsfreie Beobachtung und durch bewusstes Fühlen wahrnehmen können, desto eher werden sie nachlassen. Sobald der Gefühlskelch ausgetrunken ist, ebbt alles ab und es stellt sich Ruhe ein.

Wir stellen vielleicht fest, dass dieselben Sorgen morgens um sieben oder zehn Uhr ganz anders aussehen als die Sorgen des Nachts. Nachts blähen sich alle Sorgen auf. Vielleicht sind sie mit diesem Wissen etwas leichter auszuhalten. Wir können nachts beeindruckt sein von ihrer Macht, aber wir wissen vom Kopf her, dass sich morgens vieles wieder leichter anfühlt und wir zuversichtlicher sein können – wenn auch nicht immer oder wenn auch nur in kleinsten Nuancen.

Während uns die Babys den Schlaf mit Hunger und Schreien rauben, kommen die Jugendlichen auf die Idee, noch spät irgendwo abgeholt zu werden oder von sich aus spät nach Hause zu kommen. Kleine Kinder halten uns nachts durch Infekte und Erbrechen auf Trab.

Im Grunde gilt für alle diese Fälle immer dieselbe Regel: Achten Sie auf Ihre Energie und Ihren Energiehaushalt – und zwar immer wieder am Tag. „Das könnte ich noch schnell erledigen" ist leicht gedacht und vielleicht auch schnell getan, doch oft stellen wir fest, dass wir nach der Erledigung nicht erleichtert sind.

Überlegen wir genau, was jetzt noch unbedingt sein muss und was vielleicht noch warten kann. Das ist oft enorm schwierig, denn im Alltag sieht es so aus, dass kaum etwas warten kann. Doch mit etwas Achtsamkeit können wir einiges finden, was eben nicht unbedingt sein muss.

Der Erschöpfung begegnen

Das größte Problem im Muttersein sehe ich immer wieder in der Erschöpfung. Wenn ich erschöpft bin, kann ich keinen Sport treiben, kann ich mich nicht so gut um mein Kind kümmern, kann ich nicht so gut arbeiten. Wenn ich Freiberuflerin bin, dann wachsen vielleicht rasch wieder die Geldsorgen.

Erschöpfung vergrößert die Sorgen: Was, wenn ich in einem Burnout lande? Was, wenn ich auf einmal einfach nichts mehr tun kann?

Als mein Kind noch klein war, war ich einmal so erschöpft, dass ich mich in die Apotheke schleppte und die Apothekerin bat, mir irgendetwas zu geben, was mir wieder aufhelfen konnte. Sie gab mir ein Nahrungsergänzungsmittel mit der Aufschrift „Zur Rekonvaleszenz nach Chemotherapie".

Es hat mir tatsächlich in den nächsten Tagen geholfen. Vielleicht war es aber auch nur der mitfühlende und aufmunternde Blick der Apothekerin, der mir Kraft gab. Gerade im Zusammensein mit anderen Kindern sind ja manchmal die Bäckersfrau und die Supermarkt-Kassiererin die einzigen Erwachsenen, mit denen man am Tag ein Wort wechselt. Jedes freundliche Wort kann da besonders wertvoll sein.

Ich war immer wieder so erschöpft, dass ich mir ernsthaft etwas ausdenken musste. Dieses Hamsterradgefühl war unerträglich. Nicht selten kamen körperliche Beschwerden wie Ganzkörperschmerzen, Halsschmerzen, Neurodermitis, Heuschnupfen und sich wiederholende Infekte hinzu.

Doch was sollte ich tun? Mich einfach mal aus dem Verkehr zu ziehen, mich eine Woche in ein Krankenhaus legen oder eine Kur machen, das war nicht drin. Als Mutter denkt man ja auch rasch in Katastrophenkategorien: Wenn ich mich bei meiner halben festen Stelle für eine Woche krank melde, dann ufert es vielleicht aus! Dann brauche ich noch eine Woche und noch eine, erhalte Krankengeld, falle dann raus aus dem System und lande im Elend.

Ich merkte: Es gab nur einen Weg, und der hieß „Vorwärts". Ich musste mich einfach vom Leben nach vorne schieben lassen.

Ich begann, alle möglichen Meditationsbücher zu lesen und Videos zu schauen. Als sehr hilfreich empfand ich die Erzählungen der buddhistischen Nonne Pema Chödrön, die in einem buddhistischen Kloster eine bessere Welt suchte und dann überrascht war, dass es auch dort nur allzu Menschliches gab wie Neid, Aggression, Unzufriedenheit und vieles mehr. Ihr Leitspruch war jedoch: „There is nothing wrong with negativity" („Es ist nichts falsch an Negativität"). Ich fühlte mich erleichtert: Wenn ich mich von dem Drang, positiv denken zu wollen, befreite, ging alles leichter.

Ebenfalls hilfreich fand ich die Bücher von Linda Thomas, einer Schweizer Putzfrau, die eine ökologische Putzfirma gründete. Sie beschreibt, wie man in allem, was man tut, Erholung finden kann.

Mir fiel dazu der Ausdruck „Meditation im Hamsterrad" ein und ich begann, nicht nur morgens beim Yoga zu meditieren, sondern mich auch tagsüber immer wieder in meine Tätigkeiten zu versenken.

Es ist wirklich erholsam, wenn man die Spüle abwischt und das mit Liebe tut. Wenn man sieht, wie der Glanz wiederkommt. Wenn man Zitronengerüche hinzufügt und den erfrischenden Duft riecht.

Doch meditieren kann man auch an der Supermarkt-Kasse. Und wenn sich die Meditation nur darauf beschränkt, die Atemluft zu spüren, die sich vor den Nasenlöchern in die Nase bewegt und dort wieder herauskommt. Wer sich in diesen Luftstrom vertieft, der kann für kurze Momente wirklich Kraft schöpfen, doch es bedarf der regelmäßigen Übung. Wenn die Sorgen sehr groß sind, ist es natürlich extrem schwierig, aber machbar.

Wenn bildlich gesprochen gerade das Haus vor den eigenen Augen abbrennt, ist es schwierig, sich in den Atem zu versenken. Hier muss man erst mal 112 wählen. Wenn das Kind unerklärliche Krankheitssymptome hat und man auf Befunde wartet, ist es ebenfalls schwierig, sich in Gedanken zu versenken.

Auch wer schwere Traumata erlitten hat, meint oft, er könne sich unmöglich der eigenen Innenwelt hingeben, weil die Bilder und Gefühle überwältigend werden in der Ruhe.

Dennoch ist es möglich – man kann mit ganz kleinen Schritten anfangen. Wenn Sie vor dem Kindergarten warten, dann versuchen Sie, drei Atemzüge lang darauf zu achten, wie sich die Luft vor Ihren Nasenlöchern bewegt. Wenn Sie beim Einkaufen an der Kasse stehen, überprüfen Sie, welche Muskeln gerade angespannt sind. Dabei ist es wichtig, nicht sofort das Gegenteil zu wollen, sondern einfach mal zu gucken, wo Sie verkrampft sind. Das alleine bewirkt schon etwas: Sie werden sich Ihrer Unruhe bewusst und können diese beobachten. Durch die Beobachtung bzw. durch das „Bewusstwerden" können sich Ruhe und Gegenwärtigkeit einstellen.

Wichtig ist auch das Träumen. Das „Ich" sei nichts anderes, als ein Widerstand, hörte ich einmal. Ähnlich wie wir unseren Körper nicht als störend empfinden, wenn wir gesund sind, ist es auch mit unserer Psyche: Wenn sie in ihrem gesunden Zustand ist, leben wir im Flow und denken nicht groß nach. So empfinden wir viele Träume auch als nicht anstrengend, weil wir darin einfach mitmachen, was immer da auch geschieht.

Anstrengend werden die Dinge, wenn „ich etwas muss". Wenn ich Regeln aufstelle, an die ich mich halten will, die aber nicht viel Sinn ergeben. Wenn ich eine Banklehre mache, obwohl ich lieber Künstlerin geworden wäre, wird das Leben enorm anstrengend.

Natürlich kosten auch Dinge Kraft, für die wir uns einsetzen, weil wir es wirklich wollen. Doch das ist eine andere Art von Kraftaufwand, weil wir etwas tun, was uns sinnvoll erscheint.

Gegen Erschöpfung hilft es oft, sich bewusst von seiner inneren Stimme leiten zu lassen.

Es kann z. B. interessant sein, einen Tag zum „Intuitionstag" zu erklären und vielleicht an einem Sonntag einmal hauptsächlich das zu tun, wozu uns unsere innere Stimme leitet. Das kann zu einem kleine Erholungseffekte herbeiführen – und es zeigt uns ebenfalls: Wenn wir unserem Herzen folgen, dann ist der Weg auf gewisse Weise leichter, als wenn wir immer etwas tun oder bewusst wollen, was uns nicht entspricht.

Das gilt auch für das Zusammensein mit unseren Kindern. Wenn der Ratgeber sagt: „Kinder unter 12 sollen nicht länger als eine Stunde am Tag vor Bildschirmen verbringen", dann gilt es dennoch, auch auf uns selbst zu hören. Wenn das Kind gerade noch gemütlich mit dem iPad beschäftigt ist, wenn ich selbst gerade noch am Schreibtisch wichtige Dinge erledige und im Flow bin, dann wird es anstrengend und zerstörerisch, wenn ich auf die Uhr schaue und mich und mein Kind aus dem reiße, worin wir gerade so versunken waren.

Wir haben so oft den Eindruck, wir müssten die Dinge sofort erledigen, aber dann merken wir oft, dass wir uns unnötig unter Druck gesetzt haben. Der Verleger sagt, dass der Text definitiv bis zum 10.02. fertig sein soll – man liefert pünktlich ab und dann läuft wochenlang nichts, weil der Lektor krank geworden ist. So ist es mit vielen anderen konkreten und phantasierten Dingen auch.

Wir haben oft viel mehr inneren und äußeren Raum, als wir denken, aber es kann uns oft Überwindung kosten, uns einmal die Zeit und den Raum zu nehmen, den wir brauchen. Gerade, wenn uns die Dinge dringend erscheinen, kann es ein gutes Experiment sein, einmal bewusst zu warten.

Wir werden so öfter die Erfahrung machen können, wie viel Raum da noch überall ist. Wir hätten das nie vermutet und können so zu einem Leben finden, in dem wir immer öfter auch mal einen Schritt zurückgehen und warten können. Auf die Dauer können wir so fast unmerklich Stück für Stück neue Kraft gewinnen.

Oberstes Gebot: Kein Zwang! Sobald wir Zwang auf uns selbst oder auf unser Kind ausüben, entsteht Druck und das bedeutet Verlust von Kraft.

Wir Mütter können da von den Kreativen wirklich viel lernen. Sie wissen, dass

Kreativitäts- und Energieschübe in Wellen kommen. Wenn ich jetzt also gerade nicht die Kraft habe, die Spülmaschine auszuräumen, kann ich mich natürlich dazu zwingen und manchmal geht es auch nicht anders. Doch jedes Glas, das wir aus der Maschine herausnehmen, erscheint uns wie ein Betonklotz.

Wenn es aber die Umstände zulassen, dann kann ich mir sagen: „Jetzt nicht. Ich warte, bis ich wieder mehr Kraft habe." Und dann kommt auf einmal ein Moment, in dem ich zur Spülmaschine gehe und sie fast, ohne es zu bemerken, ausräume, während ich in Gedanken meine Zukunftspläne schmiede.

Einmal war ich als junge Mutter so erschöpft, dass ich eine chinesische Medizinerin aufsuchte, weil die schulmedizinischen Möglichkeiten nach Ausgleich von Eisen, Mineralstoffen und Vitaminen ausgeschöpft waren.

Ich war beeindruckt von der chinesischen Praxis, die voller Kräuter, Pülverchen, Moxibutionszigarren und weiteren Utensilien war. Hier würde ich bestimmt Hilfe erfahren, redete ich mir gut zu. Ich war schon gespannt, welches dieser vielen Mittelchen sie mir verabreichen würde.

Sie untersuchte Zunge, Puls und Augen, fragte, drückte, klopfte, blickte dann ganz ernst und sagte: „Sie brauchen Schlaf. Es gibt hier nichts, was ich Ihnen sonst mitgeben könnte, es würde alles nichts nutzen. Sie haben einen enormen Schlafmangel. Legen Sie sich hin, wann immer es geht. Der Körper muss liegen. Und dann schließen Sie die Augen, und wenn es nur fünf Minuten zwischen zwei Momenten sind. Immer wieder kurz hinlegen und ruhige Momente ansammeln."

Mit diesem Rat und fast leeren Händen ging ich nach Hause und befolgte eisern, was sie mir gesagt hatte. Die Sorge in ihren Augen werde ich nicht vergessen. Und so legte ich mich überall hin, wo es gerade ging: Fünf Minuten im Auto, drei Minuten auf die Couch, ein paar Minütchen auf den Teppich, ein paar Sekunden auf die Bank vor dem Mini-Klub.

Natürlich musste ich einige Male mein Schamgefühl überwinden. Doch ich muss sagen: Es half wirklich. Man darf keine Wunder erwarten, aber ich gebe diesen Tipp gerne weiter. Allein, dass der Körper liegt, sorgt dafür, dass sich der Energietank wieder ein bisschen auflädt.

Die vielen kleinen Minuten am Tag sammelten sich dann doch zu einer längeren Erholungsphase an. Es ist aus meiner Sicht meistens nicht so, dass man dann nachts schlechter schläft – im Gegenteil: Das Ausruhen am Tag kann dafür sorgen, dass man abends entspannter schlafen geht. Das innere Aufgedrehtsein lässt etwas nach und so lässt sich leichter in erholsamen Nachtschlaf finden. Wichtig ist es auch hier, dem Inneren zu folgen.

Immer einen Schritt voraus – der Erschöpfung liebevoll begegnen

Wir können der Erschöpfung ein wenig begegnen, indem wir dem Alltag immer einen kleinen Schritt vorausgehen. Hiermit meine ich nicht, neuen Stress zu schaffen, indem wir z. B. schon im Kindergarten das erste Schulbusticket für den Schulbeginn in zwei Jahren organisieren.

Ich meine auch hier die ganz kleinen Dinge, wie z. B. manchmal die Spülmaschine schon dann anzustellen, wenn es zeitlich gerade passt – auch, wenn sie erst halb gefüllt ist. Manchmal geht persönliche Erschöpfung vor Umwelt.

Man kann sich hinlegen, auch wenn man noch nicht total erschöpft ist und sein Auto neu betanken, wenn der Tank noch nicht ganz leer ist. Man kann Rechnungen anlegen und die Steuer überweisen, auch, wenn man noch einen halben Monat Zeit hat. Manchmal hat man dadurch vielleicht sogar ein bisschen mehr Arbeit und Kosten. Doch durch den Gedanken, vielen Dingen einen Schritt voraus zu sein, kann man sich innerlich einen Puffer bauen. Man weiß: Wenn jetzt was schief geht, dann gerate ich nicht sofort in Bedrängnis (sondern erst etwas später … oder vielleicht sogar gar nicht).

Andererseits können wir uns bei vielem auch länger als gedacht entspannt zurücklehnen – sehr vieles klärt sich eben erst in der letzten Minute. Manchmal können wir die innere Ruhe genießen, die wir dabei haben.

Gelegentlich fällt mir hier der Satz aus der Bibel ein (Matthäus, 6:26): „Sehet die Vögel unter dem Himmel an: Sie säen nicht, sie ernten nicht, sie sammeln nicht in die Scheunen; und euer himmlischer Vater nährt sie doch." Vielleicht können wir den Gedanken und das Gefühl entwickeln, dass es da etwas gibt, das uns weiter nährt und weiter trägt, auch wenn wir so oft das Gefühl haben, wir fallen in die Tiefe und alles ist aus.

Einen Schritt voraus zu sein, kann manchmal auch heißen, eigenständig zu denken und uns nicht von jedem „Experten" verrückt machen zu lassen. Es kann auch heißen, was wir in der Corona-Krise erlebten: so viel Klopapier im Voraus zu kaufen, dass man sich darum quasi gar nicht mehr kümmern muss. Es kann immer passieren, dass wir krankheitsbedingt ein paar Tage außer Gefecht gesetzt sind. Dann ist es gut, wenn wir wissen, dass wenigstens ein paar Vorräte im Haus sind. Gerne bringe ich deshalb auch manchmal den lediglich halb vollen Mülleimer raus.

Wenn wir uns gehetzt fühlen und uns schnell entscheiden sollen, kann es ganz besonders wichtig sein, die Nerven zu behalten. Es ist schließlich oft zeitsparender, noch mal eine Nacht über etwas zu schlafen, als gehetzte Entscheidungen zu treffen, die wir später wieder rückgängig machen wollen. Wie oft merken wir, während wir „Ja" sagen, dass unser Vorhaben sowieso nicht zustande kommen wird? Da ist es gut, unsere innere Stimme ernst zu nehmen und direkt zu sagen, wenn wir etwas aller Voraussicht nach nicht schaffen können.

Es nutzt nichts, schon im Januar die Sommerreifen aufziehen zu lassen, damit das schon mal erledigt ist. Das meine ich natürlich vor allem im übertragenen Sinne – es gibt vieles, wo wir vorsorgen können, aber auch vieles, was zur passenden Zeit geschehen soll. Wichtig ist, dass wir im Nachdenken bleiben und nicht kopflos werden im hektischen Alltag. Überhaupt ist das Nachdenken vielleicht das beste Mittel, um den Dingen immer einen kleinen Schritt voraus zu sein.

Kochen und backen als Meditation

Manche Mütter hassen es, andere lieben es: das Kochen und Backen. Wieder andere delegieren es oder sie haben sich gleich einen Hobbykoch als Partner ausgesucht.

Kochen und backen ist etwas zutiefst „Mütterliches". Es geht um das Nähren. Viele empfinden das tägliche Kochen als eine lästige Pflicht. Noch während wir uns fragen: „Was soll ich heute kochen?", fragt unser Kind schon: „Was gibts heute zu essen?"

Doch aus dem Kochen und Backen lässt sich eine wunderbare Ressource machen.

Kochen ist wärmend. Im Winter koche ich gerne einmal, einfach, um mich aufzuwärmen, wenn ich durchgefroren bin. Kochen um des Kochens willen kann auch ein Weg sein, den Dingen wieder einen Schritt voraus zu sein, indem man auf Vorrat kocht.

Aus ayurvedischer Sicht hingegen ist das nicht so gut – Essen sollte immer frisch zubereitet sein, denn aufbewahrtes Essen sammelt nach ayurvedischem Denken „Ama" an, also Stoffe, die nicht so gut für unseren Körper sind (Verde, 2020). Und auch ich habe die Erfahrung gemacht, dass ich mehr körperliche Energie habe und weniger Magen-Darm-Beschwerden, wenn ich jeden Tag frisch koche. Das ist gleichzeitig gut für das Körpergewicht – wer abnehmen will, braucht gutes, frisches und vor allem leckeres Essen.

Das Kochen wärmt uns also auf und stimuliert die Sinne. Der Duft von frisch gekochtem Lieblingsessen tut uns einfach gut. Wir können mit Gewürzen experimentieren und unserer Phantasie freien Lauf lassen. Wir können aus dem Kochen auch eine Art Spiel machen und unsere Kreativität damit wecken.

Es gibt wunderbare Kochsendungen im Fernsehen, die man laufen lassen kann, während man selbst kocht, egal, ob man dasselbe oder etwas völlig anderes kocht. Kochen empfinden manche als etwas Einsames. „Wenn Mann und

Kinder weg sind, dann koche ich nicht für mich. Für mich alleine lohnt es sich nicht", höre ich manchmal.

Ich frage mich dann immer: Warum sollte es sich nicht lohnen, nur für sich selbst zu kochen? Wenn ich für mich selbst koche, dann bemuttere ich mich. Ich kann wunderbar beim Kochen nachdenken und Träume entwickeln oder ihnen nachhängen.

Kochen kann eine wunderbare Form der Meditation sein (aber natürlich auch des Genervtseins, wenn es schnell gehen muss und die Kinder einen dabei wahnsinnig machen). Und wenn wir backen, entsteht eine ganz eigene heimische Atmosphäre. Wenn wir genüsslich Rum, Zimt und Vanille in den Teig schütten, können wir damit so manches Mal unsere Lebensgeister wieder wecken.

Kochen kann auch eine Form des Hoffens sein. Wenn die Dinge schlecht laufen, dann tun sie das oft über eine lange Zeit, manchmal sogar über Jahre. Doch wenn ich hoffe, kann ich ein Stück von der neuen Welt schon zu mir holen.

Im „schnöden Alltag" sind wir Mütter oft erschöpft. Die nicht enden wollenden Routinen können uns zeitweise ganz schön auszehren. Suchen Sie sich kleine Erholungen im Alltag:

- Legen Sie sich immer wieder hin, auch wenn es nur für wenige Minuten ist.
- Wenn Sie kaum zu Sport und gesunder Ernährung kommen, so nehmen Sie die wenigen Momente, in denen Sie sich bewegen und in Ruhe essen können, ganz bewusst wahr.
- Machen Sie sich klar, dass jede kleine Portion „Gutes" sinnvoll ist und bleibt. Viele kleine gute Dinge sammeln sich an – gute Gedanken, ein gutes Buch, ein bewusster Atemzug in warmer Regenluft.
- Versuchen Sie, bei den Alltagstätigkeiten in einen meditativen Zustand zu kommen: Falten Sie Wäsche mit Liebe in den Augenblicken, in denen es geht. Polieren Sie die Spüloberfläche bewusst, mit gut riechenden ökologischen Mitteln und weichen Tüchern. Das geht sogar manchmal beim Telefonieren.

- Machen Sie aus Ihrem Lebensthema eine Lebensmeditation. Wir alle haben Punkte, an denen es immer wieder hakt und die sich über Jahrzehnte nicht zu verändern scheinen. Schenken Sie diesen Lebensthemen Ihre Aufmerksamkeit. Es wird immer Mini-Bewegungen geben.

Mutter, Vater, Kind!

Mütter sind anders – und Väter auch

Wenn Elternpaare zu mir in die Beratung kommen, dann tragen sie mir häufig sehr ähnliche Klagen vor: Der Vater habe sich kaum für die Geburt und die ersten Wochen danach interessiert, er hätte ganz besonders viel gearbeitet und Mutter und Kind zu wenig unterstützt. Der Vater sei zu hart zu dem Kind und die Mutter zu nachgiebig.

Nach Meinung des Vaters könne doch nicht sein, dass das Kind immer noch nicht trocken sei und immer wieder mit der Mutter im Bett schlafe. Der Vater helfe einfach nicht genug im Haushalt und würde das Kind abends immer noch mal aufdrehen, anstatt es zu beruhigen. Sind die Elternpaare getrennt, dann zahle der Vater nicht genug.

Wie schade, denke ich dann oft, dass wir nirgendwo lernen, wie Vater und Mutter so „ticken". Es gab feurige Zeiten der Gleichberechtigungskämpfe und der Vorstellung, Frauen und Männer seien doch gar nicht so unterschiedlich. Doch die Unterschiede treten spätestens bei der Familiengründung und Kindererziehung wieder ganz deutlich hervor.

Wenn Männer und Frauen mehr über die oft naturgegebenen Unterschiede wüssten, könnten sie viel entspannter sein. Das fängt schon bei kleinen Kindern an. Der Kinderforscher Remo Larger erklärt beispielsweise, dass Jungs einen weiteren Bewegungsradius haben als Mädchen. Sie bewegen sich weiter von der Mutter weg, haben einen größeren Bewegungsdrang und später schlicht mehr Muskelkraft.

Bis zum Alter von zwei Jahren benutzen Kinder z. B. einen Spielherd relativ gleich. Doch dann nehmen die Jungs den Herd auseinander und wollen wissen, wie er von innen aussieht, während die Mädchen einen Topf darauf stellen, um

Kochen zu spielen – auch, wenn die Eltern ihnen etwas ganz anderes vorleben (Sternstunde Philosophie, 2008).

Die Dreierschaft aus Mutter-Vater-Kind ist für das Kind enorm wichtig. Fehlen Mutter oder Vater, dann erlebt das Kind im Alltag immer nur die intensive Beziehung zu einem Elternteil. Aus der Dreierschaft ist eine Zweierschaft geworden.

Für die menschliche Psyche ist es jedoch wichtig, dass wir innerlich ein Dreieck bilden können – Psychotherapeuten sprechen hier von „Triangulierung".

Das bedeutet, dass wir die Vorstellung haben, dass es immer auch noch etwas „Drittes" gibt. „Wenn ich bei der Mama nicht bekomme, was ich brauche, gehe ich eben zum Papa." Das ist ein sehr wichtiger Satz in der Kindesentwicklung, denn das Kind sieht sich nicht mehr nur allein einem Elternteil ausgesetzt, von dem es abhängig ist und fühlt sich dadurch freier. Die Möglichkeit, noch zum Papa oder zur Mama zu gehen, reduziert Ängste und ermöglicht dem Kind auch, seinen Ärger zu zeigen – schließlich hat es noch den anderen Elternteil, zu dem es laufen kann.

Die Vorstellung vieler Eltern, sie müssten unbedingt und ständig an einem Strang ziehen, kann sehr erschöpfend sein. Dabei ist das oft gar nicht nötig. Sie können zwar zu Kompromissen finden, aber das Kind erlebt unbewusst, dass der Papa so und so fühlt und denkt, während es bei der Mama vielleicht ganz anders ist.

Daraus entstehen wichtige psychische Strukturen. Das Kind erlernt Flexibilität, aber auch den Umgang mit dem Fremden und Neuen. Dies ist wichtig beim Lernen. Kinder müssen Neues zulassen und denken können, um zu lernen. Wenn sie das „Triangulieren" mit Vater und Mutter gelernt haben, fällt ihnen häufig auch das Lernen leichter (Dammasch et al., 2008).

„Wir müssen doch vor dem Kind stets eine Einheit bilden" ist bei vielen also eine feste Vorstellung. Und manchmal bemerken wir noch nicht einmal, dass wir es mit einer Vorstellung zu tun haben – wir sind überzeugt davon, dass es so oder so sein muss und fallen jedes Mal vom Himmel, wenn wir feststellen, dass wir etwas nicht so vorfinden, wie wir es uns vorgestellt haben.

Dabei kann es immer wieder helfen, einen Schritt zurückzugehen und sich infrage zu stellen. Ist das, was ich für richtig halte, ein Muss? Oft können wir feststellen, dass wir uns wieder besser entspannen können, wenn wir von unseren Vorstellungen etwas loslassen. Wir bemerken dann oft zu unserer eigenen Überraschung, dass auch andere Vorstellungen kein Todesurteil sind, sondern ebenso zu guten Zielen führen können.

Zu zweit oder zu dritt

Die amerikanische Psychologin Rebecca Ryan und Kollegen haben 237 Familien untersucht und festgestellt, dass Kleinkinder sich dann am besten entwickeln, wenn sie zwei unterstützende Eltern haben (Ryan, 2006). Alleinerziehende wehren sich oft gegen Erkenntnisse wie diese. Manche fühlen sich stark genug und bekommen ausreichend Unterstützung aus der Familie, sodass sie bemerken: Es geht auch ohne Vater gut.

Doch andere Alleinerziehende kommen in eine Abwehrstellung, weil ihre verborgene Angst, es alleine nicht zu schaffen zu groß ist. Vielleicht ist auch der Schmerz zu groß darüber, dass einer fehlt. „Bei uns geht es ohne Vater sogar viel besser als mit ihm!", sagt so manche Mutter.

Für ein Kind ist es meistens schöner, in Frieden mit einem Elternteil zu leben als in einer Familie, in der es ständig von Konflikten nur so brodelt. Der Kinderliedermacher Rolf Zuckowski singt dies in seinem Lied über die alleinerziehende Maike: „Ich schaff' das schon, ich schaff' das schon, ich mach das ganz alleine! … So kuschelig und so friedlich haben's viele Kinder nicht."

Aus diesem Lied ist deutlich auch die Melancholie zu hören, die viele alleinerziehende Mütter erleben. Den Traum von einer Familie mit Häuschen im Grünen träumen fast alle Kinder und Jugendliche. Es tut immer wieder weh, wenn dieser Traum nicht in Erfüllung gehen konnte oder wenn er einem wieder entrissen wurde, nachdem man sich schon in Sicherheit wog.

Umso wichtiger ist es, dass es beiden Eltern gut geht. Über ihr Wohlergehen freut sich eben auch das Kind. Ich denke, nur durch das Elternwohl auf beiden Seiten kann es gelingen, dass sich auch das Kind wirklich wohl fühlt.

Zum Wohlergehen gehört auch, dass Mutter und Vater ihre Leistungen gegenseitig anerkennen und nicht einander innerlich für „tot" erklären. Nur ist jeder für sich oft so erschöpft von unzähligen Kämpfen, dass es oft kaum noch möglich ist, zu sehen, was der andere alles macht, tut und gibt. Vielmehr entwickeln wir unsere Theorien darüber, womit er oder sie uns jetzt schon wieder schaden will.

Doch wenn Eltern in die Paarberatung kommen und jeder bereit ist, auch seine Verzweiflung zu zeigen, wird manchmal jeweils für den anderen ersichtlich, wie auch der andere Elternteil kämpft, sich abmüht, sorgt und ängstigt.

Natürlich gibt es Elternpaare, bei denen Gewalt mit im Spiel war – der Mann wurde vielleicht gegenüber der Frau und dem Kind gewalttätig. Auch Mütter werden gar nicht so selten handgreiflich gegenüber dem Vater des Kindes und gegenüber dem Kind. Hier müssen noch mal ganz eigene Lösungen gefunden werden.

Doch auch viele getrennte Elternpaare, die ohne Gewalt miteinander umgehen können, sind manchmal erschöpft, weil sie unrealistische Vorstellungen vom anderen Elternteil haben.

Auch hier lohnt es sich, die eigenen Vorstellungen mit etwas Abstand zu betrachten. Meistens ist der ehemalige Partner genauso erschöpft wie man selbst. Es erleichtert das Elternsein, wenn es möglich wird, sowohl die eigene als auch die Erschöpfung des Partners anzuerkennen. Dann wird es oft auch möglich, wieder zu sehen, was der andere leistet.

Irgendwann können sogar verstehende und versöhnliche Gedanken auftauchen.

Ja, sogar Dankbarkeit kann sich zeigen. Dies sind alles psychische Verfassungen, in denen die verloren geglaubte Kraft zurückkommen kann.

Feuerwehrauto oder Handtäschchen?
Der Körper bestimmt unser Seelenleben

In der Psychologie wird immer deutlicher, wie frühe körperliche konkrete Erfahrungen zu unseren Vorstellungswelten führen. Der Junge, der sein Geschlechtsteil sehen kann, weiß, dass da was ist, mit dem er etwas machen kann. Das Mädchen, das ihr Geschlechtsteil eher erahnt, spürt ihre „Höhle".

Aus diesen frühen Körperempfindungen entstehen ganz viele Phantasien – nicht umsonst interessieren sich kleine Jungs für schnelle Geschosse und Messer, während Mädchen schon früh mit Handtäschchen und Geheimnissen zugange sind.

Heute heißt es in der Psychotherapie oft: Gedanken bestimmen unsere Gefühle. Dabei ist es zum großen Teil umgekehrt: Aus unseren Körperempfindungen und Gefühlen entstehen unsere Gedanken.

Wenn wir viel gegessen haben, spüren wir unseren Magen und denken plötzlich an einen Stein: „Wie ein Stein" sagen wir. Es ist in der Regel nicht umgekehrt: Wir denken nicht an einen Stein und meinen dann, unser Magen sei schwer. Das Märchen von den sieben Geislein hängt mit solchen Phantasien zusammen: Hier legt der Jäger Steine in den Bauch des bösen Wolfes.

Wenn wir unsere frühen Körpergefühle ernster nehmen und uns für das Zusammenspiel von Mutter, Vater und Kind interessieren, müssen wir uns über vieles nicht so aufregen. Häufig kämpfen wir mit dem anderen Geschlecht bzw. mit dem anderen Elternteil, meinen aber damit noch unsere Kämpfe, die unserem Vater bzw. unserer Mutter galten.

So mancher zerrt seinen Ehepartner vor Gericht, wobei die Klage eigentlich immer noch den eigenen Eltern gilt. Es benötigt jedoch eine tiefe Selbstkenntnis und auch den Wunsch nach Wahrheit, um das erkennen zu können (oder auch erkennen zu wollen).

Die Eigenheiten von Mann und Frau fangen schon bei der Geburt an: Viele Frauen sind enttäuscht, wenn ihr Mann nicht zur Entbindung mitkommen will oder wenn er während der Geburt einschläft. Daraus entstehen oft schwere Krisen.

Ich hatte einmal einen exzellenten Frauenarzt, der auch Psychoanalytiker war und sehr entspannt sagte: „Das interessiert die Männer einfach nicht. Die haben mit der Geburt einfach nichts am Hut."

Natürlich gibt es hier große Unterschiede. Viele Väter sind sehr ergriffen von der Entbindung. Doch die Neigung, sich nicht für die Geburt zu interessieren oder sie sogar als abstoßend zu empfinden, kommt eben auch bei vielen Männern vor. Es kostet oft Kraft, dies anzuerkennen, weil wir uns als Mutter erneut alleingelassen und vielleicht auch missachtet fühlen. Doch auch hier wird das Leben leichter, wenn wir uns mit diesen Unterschieden anfreunden können.

Eine Zeit lang war es fast ein ungeschriebenes Gesetz, das der Vater mit zur Entbindung geht. Doch so mancher Mann entwickelte nach der Geburt eine Art posttraumatisches Belastungssyndrom. Heute ist man da vielleicht wieder offener: Männer trauen sich eher zu sagen, wenn sie nicht mitkommen möchten und Frauen können es eher akzeptieren, so meine Beobachtung.

Nach der Entbindung kommt die Phase der intimen Zweisamkeit zwischen Mutter und Kind, wobei der Vater etwas außen vorsteht. In ihm können Eifersucht und Gefühle der Verlassenheit auftreten. Die Schwangerschaft der Frau und die Zeit danach sind typische Zeitpunkte, zu denen ein Mann eine Affäre mit einer anderen Frau beginnen könnte. Für viele ist es eine Art Flucht vor all dem, was ihnen unheimlich erscheint.

Gerade in der Schwangerschaft und zu Beginn des Familienlebens ist es für viele Paare schwierig, miteinander zu sprechen. Vielleicht kann man sich ermuntern, gegenseitig neugierig aufeinander zu sein und sich ernsthaft dafür zu interessieren, was im anderen vorgeht. Dies wird leichter, wenn man für die eigenen Ängste und Schmerzen offenbleibt und versucht, diese dem anderen mitzuteilen.

Suchen die Paare Beratungen auf, dann geht es oft um Äußerlichkeiten: um Regeln und Verhaltensänderungen. Es ist jedoch oft viel fruchtbarer, wenn sich die Phantasien, Mangelerfahrungen und Ängste verstehen lassen, die zu solch „unverständlichem" Verhalten führen.

Ist das Kind geboren, dann schleppt der Vater die Sprudelkästen, zimmert noch die Möbel zusammen und – geht Geld verdienen. Remo Largo sagt, dass viele Männer nervös werden nach der Geburt und sich große Sorgen darüber machen, ob sie genug Geld nach Hause bringen.

Unter anderem dadurch verbringen viele junge Väter oft besonders viel Zeit bei der Arbeit, während dies die jungen Mütter oft in tiefe Verzweiflung stürzt (Sternstunde Philosophie, 2008). So kommt es leicht zu gegenseitigen Vorwürfen. Die Mutter vergisst manchmal, dass der Vater in der Zeit, in der er nicht da ist, das Geld für das tägliche Leben verdient. Sie sieht dann nur: Der Mann ist zu viel weg.

Der Vater wiederum fühlt sich am Arbeitsplatz gestresst und kann sich oft überhaupt nicht vorstellen, wie viel emotionale Arbeit die Mutter den ganzen Tag leistet. Von außen kann man das oft überhaupt nicht erkennen, denn die Mutter verbringt viel Zeit in einem träumerischen Zustand, in dem sie über das Kind nachdenkt, z. B. beim Wickeln, Stillen oder Einschlafen.

Dieses träumerische Nachdenken über das Kind hat auch eine ungeheuer wichtige Funktion, wie Entwicklungspsychologen heute wissen. Es findet dabei oft eine Art nachdenklicher Austausch statt, der geprägt ist von gegenseitigen mimischen Spielen und Geborgenheitsgefühlen.

Doch die Mutter muss die Emotionen des Kindes noch regulieren und diese geistige Arbeit, die von außen nicht zu sehen ist, ist enorm anstrengend. Väter kennen das in diesem Ausmaß meistens nicht – es sei denn, sie sind vom Tag der Geburt die Hauptbezugsperson für das Kind.

> *Und so leisten beide Eltern, jeder für sich, enorm viel, vielleicht ohne dass der eine etwas von der Leistung des anderen bemerkt.*

Ich bin von vielen Eltern, die mich zur Beratung aufsuchen, sehr angerührt. Manchmal fehlt es ihnen auch nur an einem verstehenden, warmherzigen Dritten. Die ganze Anstrengung macht beide manchmal blind füreinander und für das eigene Innere. Doch so, wie man beginnen kann, sein Herz für sich selbst zu öffnen, so kann man in dem Wissen, dass auch der andere auf seine Weise alles gibt, auch den anderen vielleicht wieder mit neuen Augen sehen.

„Mein Kind kuschelt nur noch mit Papa!" Der Ödipus-Komplex

„Wenn Leni weint, dann will sie immer nur zum Papa, nicht zu mir. Das tut mir schon irgendwo richtig weh! Ich will es ja nicht zugeben, aber ich bin eifersüchtig. Und ich habe Angst, dass Leni sich dauerhaft von mir abwendet", erzählt eine Mutter. Die Erzählungen so mancher Mutter von Kindern im Alter zwischen zwei und sechs Jahren sind sehr ähnlich. Das Mädchen ist auf einmal völlig auf den Vater fixiert und die Mutter hat (fast!) nichts mehr zu melden. Wir haben es hier mit der sogenannten „Ödipalen Phase" zu tun.

In der Sage vom Ödipus heißt es: König Laios und seine Frau Lokaste bekamen einst ihren Sohn namens Ödipus. Ein blinder Seher sagte Laios jedoch voraus, dass Ödipus ihn eines Tages töten würde und seine Mutter Lokaste zur Ehefrau nehmen würde. Die Eltern setzten ihren Sohn daher aus, doch das Schicksal führte dazu, dass Ödipus seinen Vater später tatsächlich tötete und seine Mutter heiratete.

Kleine Mädchen sind sich manchmal sicher: „Ich heirate später den Papa!" Man sagt auch, dass der Vater die erste große Liebe des Mädchens ist. Der kleine Junge hingegen kann sehr fasziniert von der Mutter sein.

Unsere Psyche funktioniert so, dass wir in einem bestimmten Alter unser eigenes Geschlecht entdecken und dann auch fasziniert sind vom anderen Geschlecht.

Kinder lieben als Erstes ihre Eltern. Doch es gibt das „Inzestverbot" – das Sexuelle muss aus der Vater-Kind- und der Mutter-Kind-Beziehung herausgehalten werden.

Die Phantasie der Kinder läuft jedoch weiter. Ab einem Alter von etwa drei Jahren dreht sich vieles um das Thema „Geschlecht". „Hast Du auch einen Pillemann?", „Hast Du zu viel gegessen oder warum ist Dein Bauch so dick?", „Wie entstehen die Kinder?" Das sind die Fragen, mit denen sich die Kinder beschäftigen. Es ist auch die Zeit, in denen viele Kinder nachts ans Elternbett kommen und dort mitschlafen wollen.

Das Mädchen liebt es, vom Vater durch die Luft geworfen, aufgefangen und liebkost zu werden. Der Papa ist so herrlich stark! Die Mutter tritt in dieser Zeit nicht selten in den Hintergrund, worunter nicht wenige Mütter leiden. Jungs hingegen können sich sehr zärtlich der Mutter nähern und dem Vater die kalte Schulter zeigen.

Eltern leiden viel weniger darunter, wenn sie wissen, dass dies eine natürliche Phase ist. Viele Eltern sind wirklich gestresst von ihrer Eifersucht und ihrem Kummer, dass ihr Kind sich von ihnen abwendet und sich dem anderen Elternteil so intensiv zuwendet. Wer weiß, dass diese Phase wieder vergeht und dass dies eine wichtige Phase ist, kann viel leichter damit umgehen.

Kinder haben in dieser Zeit manchmal Albträume – ähnlich wie in der Ödipus-Sage träumen sie davon, dass Vater oder Mutter sterben oder auch, dass sie selbst getötet werden sollen. Einerseits haben sie natürlich wirklich Angst, sie könnten Vater oder Mutter verlieren, andererseits spiegelt es aber auch ihren verborgenen Wunsch wider, den Vater oder die Mutter zu töten – schließlich können sie dem Kind durch die vielen „Neins" das Leben ganz schön madig machen. Auch fühlen sich die Kinder immer wieder auf eine Art ausgeschlossen von den Eltern, die immer nur zusammenhalten und gemeinsam eine Einheit bilden, zu denen das Kind nicht gehört – und das schmerzt.

Wichtig ist, dass wir Eltern uns nicht so erschrecken vor den „Tötungsspielen" der Kinder, sondern es als etwas „Ur-Psychisches" erkennen. Wenn ein Kind spielt, dass es uns töten will und mit der „Pistole" auf uns schießt, dann tun wir gut daran, wenn wir dieses Spiel „markieren", das heißt, dass wir übertrieben darstellen sollen, wie wir „tot umfallen".

Durch unsere übertriebene Darstellung erkennt unser Kind das Spiel als Spiel.

Sollten wir die Sache zu ernst nehmen, können wir unser Kind eher damit erschrecken. Es ist etwas Gesundes, wenn ein Kind uns zeigt, dass es im „Als-ob-Modus" spielen kann: Es tut so, als ob etwas passieren würde und lernt dabei, Spiel und Realität, Phantasie und Wirklichkeit, auseinanderzuhalten.

Später bewegt sich das Mädchen wieder auf die Mutter zu und möchte ihr besonders zeigen, wie lieb es sie hat. Es tut dem Mädchen leid, dass es die Mutter so lange alleingelassen hat. Der Junge nähert sich dem Vater wieder zärtlich an. Nicht selten ist diese Wiederannäherung begleitet von Wiedergutmachungswünschen. Die Kinder überschütten uns mit Küsschen und Zärtlichkeit. Doch manchmal müssen wir eben länger darauf warten.

Umgekehrt sind auch wir Eltern nicht frei von Tötungswünschen. Auch wir haben manchmal die Phantasie, wie schöne es doch wäre, wenn unsere Kinder einfach weg wären!

Unsere Kinder erinnern uns daran, dass wir selbst sterblich und als Nächstes an der Reihe sind. Unser Sohn und unsere Tochter werden wahrscheinlich bald schöner, besser und schlauer sein als wir. Sie werden vielleicht weiter kommen als wir, sie sind jünger und leben länger.

Wir haben viele Gründe, eifersüchtig und neidisch auf unsere Kinder zu sein.

Unsere Kinder machen uns manchmal regelrecht Angst. Wären sie nicht da, würde uns unsere eigene Vergänglichkeit nicht so auffallen. Sie lösen in uns also sehr tief verborgene Gedanken, Phantasien und Gefühle aus. Eifersucht und Neid, Trauer über unsere Vergänglichkeit sowie Tötungs- und Wiedergutmachungswünsche bemerken wir im Alltag oft nicht. Wir spüren nur eine diffuse

Anspannung. Wir sind reizbarer, schreien unser Kind öfter an, bekommen Streit mit unserem Partner.

Auch hier wieder rauben wir uns selbst vielleicht Kraft, weil wir meinen, so viel verdrängen zu müssen. Wie so oft kann es auch hier das Beste sein, einmal zu sagen: „Stopp! Ich will jetzt mal still werden. Ich will mich jetzt mal interessieren für die spannenden Vorgänge in meiner Seele. Ich möchte meine Gefühle jetzt mehr wahrnehmen."

Und während wir uns mit uns selbst auseinandersetzen, bemerken wir vielleicht, wie traurig wir sind. Wir werden wieder weicher und finden zu mehr Verständnis für uns selbst, unsere Kinder und unseren Partner. So finden wir auch wieder mehr Raum für ein gelösteres und unbeschwerteres Miteinander.

Den anderen besser verstehen

Spätestens bei der Familiengründung werden die Unterschiede zwischen Männern und Frauen sehr deutlich. Im Kampf um Gleichberechtigung, gerecht verteilte Arbeit und um das „Beste" fürs Kind, können wir uns verlieren. Erleichtern Sie Ihr Leben mit diesen Punkten:

- Falsche Annahmen über den anderen kosten uns sehr viel Kraft. Versuchen Sie, offenzubleiben und den anderen zu fragen, wie er die Welt sieht. Je mehr Offenheit Sie hier zeigen können, desto mehr Offenheit wird Ihnen auch entgegenkommen.
- Vermeiden Sie Vorwürfe. Sie kosten Kraft, nutzen nichts und verschlimmern kritische Situationen.
- Wenn Sie Gefühle und Probleme ansprechen möchten, dann gehen Sie stattdessen von sich selbst aus: „Ich habe mich (…) gefühlt, weil (…)" oder „Als du (…) getan hast, habe ich (…) erwartet", etc.
- Nehmen Mangelerfahrungen bewusst wahr und blicken Sie liebevoll auf sich. Manche „Lücken im Leben" bleiben – wie z. B. ein unerfülltes Familienleben oder Traumata in der Vergangenheit. Den Schmerz wahrzunehmen und daraus Kreativität zu schöpfen, kann zu neuer Zuversicht führen.

Die Gesellschaft als Mutterschoß

Die Mutter in bester Gesellschaft

Wir trauen uns nicht mehr, Mutter zu sein. Wir sagen: Die Gesellschaft hält mich für eine Glucke, wenn ich mein Kind nicht in die Kita schicke. Doch während wir das sagen, merken wir vielleicht: Das ist eine Stimme in uns selbst! Wir selbst sind verunsichert und wir selbst fragen uns, ob wir eine Glucke sind oder nicht. Hier können wir uns gedanklich ganz schön verhaken.

Doch worüber wir fast gar nicht sprechen, das sind unsere Gefühle. Wir selbst fühlen uns wohl, wenn unser Kind bei uns ist. Und unser Kind fühlt sich wohl, wenn es bei uns sein darf. Wir lieben das Kuscheln, wir lieben seine Stimme, wenn es spielt, wir lieben seinen Duft und seine weichen Haare. Wir finden es gemütlich, wenn unser Kind um uns herum ist, während wir zu Hause kochen oder aufräumen oder unsere Mails checken. Wir haben hier also ganz gesunde Gefühle. Wir sind gerne Mutter.

Doch es ist, als dürfte das nicht sein! Vor uns selbst nicht und vor anderen nicht. Und dann ziehen wir schnell die Gesellschaft heran, die über uns die Nase rümpft, uns verachtet und uns mit Vorsicht begutachtet.

Andererseits zeigt sich „die Gesellschaft" tatsächlich oft feindselig gegenüber Kindern und gleichzeitig auch gegenüber der Psyche. Das hängt sehr eng zusammen, denn Kinder machen, dass wir uns mit unserer Psyche befassen, mit unseren Gefühlen, unserem Körper und unserem Älterwerden. Dieser Zusammenhang zwischen „kinderfeindlich" und „seelenfeindlich" erscheint mir oft verblüffend.

Schon bald nach der Geburt merkte ich, wie „kinderfeindlich" oder schlichtweg ignorant unsere Gesellschaft ist. Ich ging zur Nachsorge zum Frauenarzt und weil ich alleinerziehend war, nahm ich mein Kind einfach mit. Ich weiß nicht, ob ich es richtig wahrgenommen hatte, aber ich kam mir mit meinem Kind nicht sehr willkommen vor. Vielleicht konnte ich es mir selbst auch nicht richtig erlauben.

Ich musste länger warten und fragte, ob ich mein Kind irgendwo wickeln dürfe. Doch es gab keine Wickelgelegenheit. Ich war sprachlos. Ich war in einer Frauenarztpraxis! Frauenärzte sind Ärzte, die bei der Geburt helfen, die auch mit Babys zu tun haben. Jedenfalls mit Babys im Bauch. Sobald das Baby draußen ist, scheint es etwas ganz Fremdes zu sein. Ich dachte: Das fängt ja gut an, wenn es beim Frauenarzt keine Wickelgelegenheit gibt. Natürlich erlebte ich auch viel Entgegenkommen, doch ich war rasch sensibilisiert dafür, wie wenig die Gesellschaft manchmal die Mutter-Kind-Bindung achtet. Besonders fiel es mir auch beim Thema „Bindung" auf.

Wir leben in einer Gesellschaft, die erst langsam anfängt zu verstehen, wie wichtig Bindung ist.

Bindung ist die Voraussetzung für Bildung. Wir lernen „für" unseren Lieblingslehrer, wir gehen zum Sport, weil dort unser Lieblingstrainer unterrichtet und wenn wir Musiker sind, dann reisen wir unserem Lehrer hinterher. Yogis leben in Asien bei ihrem Guru und Menschen werden durch eine intensive Psychotherapie gesund, weil die Bindung zum Therapeuten heilt.

Wir sind neugierig auf die Welt, wenn wir uns sicher gebunden fühlen. Entwicklungspsychologen haben erforscht, wie sich Kleinkinder verhalten, wenn sie zusammen mit ihrer Mutter sind und wenn sie den Raum verlässt. Während die Mutter ihr Kleinkind auf dem Arm trägt, exploriert es neugierig die Umgebung, untersucht die Spielsachen und Gegenstände, die im Raum sind, und nimmt Neues auf. Verlässt die Mutter den Raum, dann ist das Kind nur noch mit der Trennungsangst beschäftigt. Es setzt sich oder stellt sich hin und weint nur noch. Es ist wie gelähmt, völlig unfähig, etwas Neues aufzunehmen.

So geht es im übertragenen Sinn auch noch uns Erwachsenen: Wenn wir uns mit unserem Partner gestritten haben oder Konflikte am Arbeitsplatz oder in der Familie drücken, dann sind wir kaum fähig, uns auf unsere Arbeit zu konzentrieren oder Neues aufzunehmen.

Manche Mütter sagen: „Mein Kind spielt unbekümmert mit den anderen Kindern und erforscht die Welt. Es ist so schön anzusehen!" Wenn ich dann sage: „Ja, weil Du im Hintergrund bist", dann sind sie oft sehr erstaunt. Sie können kaum glauben, dass allein ihre Anwesenheit wichtig ist, auch wenn das Kind vielleicht in weiterer Entfernung spielt.

Wir kennen vielleicht selbst noch den Unterschied im Gefühl: Wenn wir in der Schule saßen und wussten, dass unsere Mutter zu Hause für uns kocht, fühlten wir uns vielleicht anders, als wenn wir wussten, dass unsere Mutter irgendwo arbeitete, im Stress war und später nach Hause kommen würde als wir.

„Das ist aber doch ein sehr konservatives Bild!", sagen dann manche. Es ist, als ob wir uns gegen diese „konservativen" Bilder wehren wollten. Doch wenn wir Kinder beim Spielen zuschauen, dann sehen wir, wie konservativ auch sie sind: Sie spielen Vater-Mutter-Kind wie eh und je.

Langsam begreifen wir, dass Bildung und Bindung unmittelbar zusammenhängen. Wenn wir uns hoch gebildete Menschen anschauen, dann sehen wir in ihnen eben oft auch die sicher gebundenen Menschen. Wenn wir zu früh auf „Selbstständigkeit" pochen, dann haben wir es mit einer „Schein-Selbstständigkeit" zu tun. Kinder, die zu früh aus dem Nest geschubst werden, sind nervöser, unruhiger und unkonzentrierter. Kinder, die gut gebunden sind und so lange die Nähe genießen dürfen wie sie es brauchen, sind ausgeglichener und oft auch erfolgreicher.

Es liegt nun an uns, unsere eigenen Vorstellungen, Ängste und Sehnsüchte anzuschauen. Manchmal können wir uns dabei beobachten, wie wir beginnen, die Gesellschaft zu beschuldigen an Stellen, an denen wir selbst unsicher sind. Können wir selbst anerkennen, wie wichtig Bindung ist? Macht es uns vielleicht Angst, weil wir dann auch unsere Verantwortung und unser Alleingelassensein mehr spüren? Wenn wir uns spielerisch solche Fragen stellen, können wir zu vielen entlastenden Antworten kommen, denn wir merken hier und da auch: So schlecht ist die Gesellschaft nicht. Wir verleihen ihr nur manchmal die Stimme, die eigentlich zu uns selbst gehört.

Muttersein und Körper

Nachdem ich nach der Entbindung das erste Mal schwimmen war, stellte ich Erstaunliches fest. Es war ein betriebsamer Tag und unter jeder Dusche stand eine Frau. Ich hatte noch nie so geschaut, aber ich blickte jede einzelne Frau an und dachte: „Diese Frau da hat schon mal ein Kind geboren, die da noch keines und bei ihr ... da bin ich mir nicht sicher." Das hatte ich noch nie getan: Andere Frauenkörper danach abzuchecken, ob sie wohl schon ein Kind geboren hatten oder nicht.

Ich kenne natürlich die Wirklichkeit nicht, aber ich dachte: Die mit dem breiteren und „elastischeren" Körper, das sind die Mütter. An mir selbst wagte ich noch kaum herunterzuschauen. Alles hing mehr, alles war weicher geworden. Der Körper hatte sich durch Geburt enorm verändert. Das „Pralle" der Schwangerschaft war weg – doch das „Pralle" der Jugend auch.

Schon in der Schwangerschaft bemerkt die Mutter diese enorme Veränderung, die in relativ kurzer Zeit stattfindet. Und nach der Geburt ist es ein wenig, als hätte man einen ganz neuen Körper.

Zunächst gibt es so was wie Schamgefühle kaum. Wenn der Postbote klingelt, schaut man, dass man noch eilig seine Brust versteckt. Es ist für viele Frauen dabei so, als sei alle Eitelkeit verflogen. Was man an sich selbst feststellt, ist oft zum Staunen. Man könnte sich in die Zeit der Pubertät zurückversetzt fühlen, wo der Körper sich ebenfalls verändert und man dabei einfach nur zuschauen kann.

Viele Frauen haben nach der Entbindung endlich keine Regelschmerzen mehr. Man kommt sich völlig abgehärtet vor, was die Vorgänge des weiblichen Organismus angeht. Nach der extremen Erfahrung der Geburt erscheint alles andere fast harmlos. Viele Frauen spüren Tampons oder Menstruationstassen gar nicht mehr. Doch der erste Geschlechtsverkehr nach der Geburt wird von vielen Frauen erlebt wie „das erste Mal". Manche Frauen leiden plötzlich unter starken Engegefühlen im Scheidenbereich. Jede Frau muss sich nach der Geburt ganz neu kennenlernen.

„Das Erschreckendste war für mich, dass ich auf einmal meine Mutter im Spiegel sah." Wenn man selbst Mutter wird, dann passiert auch etwas mit dem eigenen Mutterbild. Schließlich kennt man die eigene Mutter seit dem Zeitpunkt der eigenen Geburt.

Wenn man nun selbst ein Kind hat, dann werden auch Erinnerungen an den Körper der Mutter wach. „So wollte ich doch nie aussehen!", denken wir.

Nicht nur der Körper ähnelt vielleicht mehr dem der Mutter, sondern auch das Gesicht. Auch im Gesicht sehen viele Frauen nach der Entbindung reifer und älter aus – bei älteren Frauen ist dies sicher eher der Fall als bei jüngeren Frauen. Doch die Veränderung ist meistens enorm.

Viele beginnen dann bald, mit ihrem Gewicht zu kämpfen. Sie wollen wieder so aussehen wie vor der Entbindung und stellen fest, dass es nur sehr schwer möglich ist. Wenn sie hüpfen, merken sie vielleicht, wie sie leicht inkontinent geworden sind und wenn das eigene Kind im Kindergarten sagt: „Mama, mach Du auch mal einen Purzelbaum", dann stellen wir vielleicht fest, wie schwer es uns auf einmal fällt.

Auch unser Hormonstatus und unser Immunsystem verändern sich. Manche Frauen leiden in der Schwangerschaft erstmalig an Heuschnupfen. Manche vertragen plötzlich bestimmte Lebensmittel nicht mehr, andere können endlich wieder alles essen. Manche Frauen stellen fest, dass sie insgesamt ruhiger und behäbiger geworden sind.

Der Körper lässt sich ganz neu entdecken, indem man mit einem neuen Sport beginnt. Ich selbst habe wunderbare Erfahrungen mit Yoga gemacht. Ich finde, Yoga schenkt einem das Gefühl, wieder zu Hause im eigenen Körper zu sein. Sich mit dem neuen Körper nach der Entbindung anzufreunden, ist für viele nicht leicht.

Häufig wird der Körper auch nach dem Geburtsverlauf beurteilt: Verlief die Geburt gut, ist die Mutter stolz auf ihren Körper. Sie hat das Gefühl, sie kann sich auf ihn verlassen. Gab es Komplikationen, so kann sie das Gefühl haben, der eigene Körper hätte sie verlassen und sie könne ihren eigenen Körpervorgängen nicht mehr vertrauen.

Wenn ich Patientinnen in der Klinik körperlich untersuche und etwas feststelle, wie z. B. Krampfadern, sagen viele: „Ja, das habe ich seit der Entbindung." Es ist oftmals, als habe es einen Körper vor und einen nach der Entbindung gegeben. Und auf gewisse Weise ist es auch so. Manche Frauen bekommen in der Schwangerschaft einen Diabetes, der bei manchen eben auch bleibt. Manche erleiden unter der Geburt einen Schlaganfall und müssen sich mit einem Körper anfreunden, der dem eines alten Menschen gleicht.

Solche Umstellungen sind für uns äußerst schwer zu bewerkstelligen. Nicht selten haben auch Erkrankungen wie Reizdarmsyndrom, Fibromyalgie oder Asthma ihren Beginn oder auch ihr Ende zur Geburt des Kindes. Viele psychische Konflikte, die sich rund um das Thema „Kinderkriegen" drehten, können nach der Geburt gelöst sein oder sich verstärken. Und wie es uns psychisch geht, das zeigt sich eben auch in unserem Körper.

Schlafmangel und Bewegungsmangel schlagen sich im Körper schnell nieder. Wir mögen uns nicht mehr. Besonders zeigt sich die Veränderung auch in den Haaren: Manche Frauen verlieren in der Schwangerschaft ihre Haare und sie wachsen nie wieder. Durch eine Autoimmunkrankheit gehen alle Haare verloren.

Das ist immer noch ein großes Tabu in unserer Gesellschaft, doch ich begegne als Ärztin relativ vielen Frauen, die dieses Schicksal erlitten haben. Manche leiden mehr, andere weniger. Manche tragen eine Glatze, andere eine Perücke oder ein Kopftuch.

Viele legen sich nach der Entbindung eine neue Frisur zu. Ähnlich, wie wir uns die Haare schneiden, wenn unsere Beziehung zu Ende geht, so lassen sich viele Frauen die Haare nach der Entbindung schneiden. „Es ist praktischer", sagen sie. Eine Kurzhaarfrisur erleichtere das Leben. Doch es hat auch einen symbolischen Charakter: Das alte Leben ist vorbei.

Viele Frauen lernen in der Schwangerschaft, ganz neu zu ihrem Körper zu stehen. Dazu gehört bei vielen, dass sie zu ihren grauen Haaren stehen. Oft wird Schwangeren empfohlen, in der Schwangerschaft die Haare nicht mehr zu färben, denn die Farbmittel gehen teilweise ins Blut über und man kennt die Auswirkungen teilweise noch nicht. Manche hören auch nach der Entbindung auf, sich die Haare zu färben, einfach weil sie das Gefühl, haben, dass sie „echter" sein wollen.

Die Veränderungen des eigenen Körpers sind manchmal stärker, als wir es wollen. Und doch kann es ein gutes Gefühl sein, sich bewusst darauf einzulassen und sich den Veränderungen hinzugeben. Nicht selten empfinden wir es auch als Entlastung, uns selbst gegenüber nicht mehr so streng zu sein.

Muttersein und Beruf

Stolz präsentierte mir einmal ein Architekt sein neuestes Werk: Ein Büro-Gebäude, in dem Mütter ihre Babys schon kurze Zeit nach der Geburt mitbringen konnten. Damit die Mütter „Ruhe haben", war der Raum für die Babys genau am anderen Ende untergebracht.

Ich fragte mich, wer da gedacht hat. Mütter haben gerade in der frühen Babyzeit das Bedürfnis, ihrem Kind so nahe wie möglich zu sein. Mutter und Kind beruhigt es, wenn sie gegenseitig ihre Nähe spüren. Wenn es schon so sein darf, dass die Mütter bald nach der Geburt dort anfangen können zu arbeiten, so wäre es doch sinnvoller gewesen, das Babyzimmer eben so nah wie möglich an das Arbeitszimmer zu legen.

Doch manche Mütter fanden es so gut, wie der Architekt es geplant hatte. Das zeigt mir: Das Kapitel „Muttersein und Beruf" ist eigentlich ein fast unmögliches Kapitel, da Mütter und Kinder so individuelle Wege finden, dass sich nichts Allgemeingültiges schreiben lässt.

Ich kenne eine alleinerziehende Mutter, die als Stewardess arbeitet, kenne Wissenschaftlerinnen, die als Lehrerinnen wiedereingestiegen sind, Mütter, die sich nach der Geburt des Babys als Texterin selbstständig gemacht haben, Mütter, die zu Hause bleiben wollen, arbeitslose Mütter und viele mehr.

Ein häufiger Streitpunkt ist natürlich die Frage, ab wann eine Mutter nach der Geburt überhaupt wieder arbeiten geht. Manche kämpfen mit dem Vorurteil, sie seien eine Glucke, wenn sie zu Hause bleiben, andere werden als Rabenmutter bezeichnet, wenn sie früh wieder arbeiten gehen. Nicht selten sind es auch unsere inneren Stimmen, die so mit uns sprechen.

Doch ob die Arbeit nun Freude macht oder nicht – **für** die meisten Mütter ist die berufliche Tätigkeit ein zeitlicher Kraftakt und die tägliche Frage lautet: Wie organisiere ich die Arbeit mit Kind am besten?

Und auch hier wieder gilt es, an allen Vorurteilen vorbei bei sich selbst zu bleiben und ein Gespür für sich selbst und für das eigene Kind zu haben. Es gibt aus Sicht der Bindungsforschung sozusagen zwei Arten von Müttern: Die „regulatory mother" und die „facilitator mother" (Leff, 1986).

Die – frei übersetzt – Regulationsmutter stellt ihre Pläne auf und das Kind muss sich daran anpassen, während die Unterstützermutter sich hauptsächlich nach den Bedürfnissen des Kindes richtet. Man könnte also sagen, die Regulationsmutter stellt z. B. einen festen Essenszeiten-Plan für ihr Kind auf, während die Unterstützermutter das Kind dann füttert, wenn es nach Nahrung verlangt.

Ich habe mich lange mit dem Thema „Reizdarm" beschäftigt und treffe unter Experten auf extrem gegensätzliche Ansichten: Einige sagen, dass der Patient unbedingt mehrere Mahlzeiten pro Tag nach Bedarf zu sich nehmen müsse, andere raten zu einer strengen Diät mit drei Mahlzeiten zu festen Uhrzeiten. In beiden Richtungen zeigen sich Erfolge.

Während heute eher angenommen wird, dass die „Unterstützer-Mutter" sozusagen „besser" fürs Kind ist, so gibt es jedoch auch zahlreiche „Regulatormütter", deren Kinder höchst zufrieden aufwachsen. Kinder sind enorm anpassungsfähig. Manche Kinder genießen die festen Vorgaben schon als Baby, andere Kinder kommen besser damit zurecht, wenn sich die Mutter hauptsächlich nach ihnen richtet. Die meisten Mütter finden wohl Mittelwege: Sie machen Vorgaben, wo es nicht anders geht und gehen wann immer es möglich ist auf die Bedürfnisse des Kindes ein.

Mutter und Kind werden also versuchen, für sich selbst den besten Weg nach ihren Möglichkeiten zu finden. Frustrationen wird es dabei immer geben und auch sie sind wichtig für die Entwicklung.

Es ist bei der Berufsfrage nicht immer leicht, ehrlich zu sich selbst zu sein. Wenn ich merke, dass mein Kind mich mehr braucht, ich aber selbst gerne wieder mehr Zeit zum Arbeiten hätte, wie gehe ich dann damit um? Verzichte ich bewusst auf mehr Arbeit und nehme den Schmerz des Verzichts für eine Weile hin? Oder möchte ich mich von meinem Kind nicht so sehr einschränken lassen und verfolge ganz bewusst meine Berufswünsche?

Dann muss ich vielleicht andere Nachteile hinnehmen wie z. B. häufigere Infekte beim Kind oder das Gefühl, gemeinsame Zeit mit meinem Kind zu verpassen. Aber auch das muss nicht sein. Ist die „Fremdbetreuung" z. B. eine unterstützende Großmutter oder eine Kinderfrau mit Herzblut, dann kann auch diese Konstellation ohne größeren Wellengang vonstattengehen.

Das Kind braucht die Möglichkeit, sich gut an sehr vertraute Personen zu binden. Was es nicht mag, ist übermäßiger Stress durch zu viele kleine Kinder bei zu wenig verlässlichen Bindungen.

Jede persönliche Lösung bringt Vor- und Nachteile und immer wird unser Kind uns später für dieses dankbar sein und für jenes Vorwürfe machen. Die Wahrnehmung, dass die anderen einen als „Rabenmutter" oder „Glucke" bezeichnen, ist oft auch Abwehr. Das heißt, die eigenen Zweifel werden nach außen verlagert. Die anderen spüren vielleicht die eigenen inneren Kämpfe und sprechen das aus, was die Mutter als zweifelnde Stimme in sich selbst hört.

Wenn wir selbst verachtende Mütter hatten, ist die Wahrscheinlichkeit größer, dass wir auch mit uns selbst in verachtender Art und Weise mit uns sprechen – egal, für welchen Weg wir uns entscheiden. Gleichzeitig finden wir in der Außenwelt Stimmen wieder, die die unserer eigenen Mutter vielleicht ähneln. Außenstehende sagen uns das, was uns aufregt, was wir nicht hören wollen und was uns schmerzt.

Wenn wir jedoch meistens gut unterstützt wurden, können wir auch selbst mit uns sanfter sprechen und finden weichere Stimmen in der Außenwelt wieder. Wer sich über solche Zusammenhänge bewusst wird, der kann besser einordnen, was da vor sich geht – woher innere und äußere Zweifel kommen und was uns daran hindert, unsere Ziele zu verfolgen.

Wenn es uns gelingt, uns bewusst über eigene Schmerzen zu werden und bewusst die Vor- und Nachteile unserer Entscheidungen anzuschauen, werden wir unabhängiger von äußeren Stimmen. So müssen wir weniger gegen die Außenwelt kämpfen und haben mehr Kraft.

Hinzu kommen nach all der inneren Arbeit natürlich die äußeren Umstände, die heute nach wie vor enorm schwierig sind. Auch selbst ernannte „familienfreundliche Unternehmen" kommen ins Schwitzen, wenn die Mutter um Punkt 12 gehen muss, um ihr Kind von der Kita abzuholen.

Es wird unangenehm, wenn die Mutter schon wieder fehlt, weil das Kind krank ist oder wenn sie fragt, ob sie das Kind zur Arbeit mitbringen kann, weil es ihm nicht gut geht und es bei der Mutter sein will.

Das Label „familienfreundlich" ist schnell ausgestellt, doch wie es sich im Alltag gestaltet, zeigt sich eben erst im Alltag. Und da gibt es noch sehr viel zu tun – das fängt schon bei den Arbeitszeiten an, die sich immer noch nur mit größter Mühe mal hin- und herschieben lassen.

Ich selbst habe großes Glück mit meinem Arbeitsplatz, doch auch hier gibt es Unausweichliches: Wenn einmal in der Woche Visiten- oder Blutentnahme-Zeit ist, dann muss ich dort vor Ort sein, und zwar exakt zu dieser Zeit. Da ist nichts mit „Homeoffice" oder flexiblen Arbeitszeiten. Ich bin dort häufig die einzige Ärztin und dann muss ich schauen, wie ich es organisiere, wenn mein Kind mal krank ist.

Je älter die Kinder werden, desto leichter geht natürlich vieles. Und doch brauchen die Kinder uns Eltern oft viel länger, als wir vorher vielleicht dachten. Eine Bekannte erzählte mir einmal sehr entsetzt: „Der Arzt hat zu mir gesagt: ‚Ihre Tochter braucht Sie!' Dabei ist meine Tochter schon 15! Was stellt der sich denn vor, wie lange ich da auf ihr herumglucken soll?"

Das Kind hatte Probleme in der Schule entwickelt, fühlte sich zu kiffenden Mitschülern hingezogen und war immer wieder krank. Der Kinderarzt wollte die Mutter motivieren, beruflich kürzer zu treten und einfach da zu sein für ihr Kind.

Die Mutter konnte das kaum akzeptieren und fühlte sich sehr verletzt und eingeengt. Sie hatte das Gefühl, etwas falsch gemacht zu haben, ertappt worden zu sein und jetzt angeklagt zu werden.

Es wäre für sie vielleicht leichter gewesen zu sagen: „Mit mir nicht!" und den Stiefel weiter durchzuziehen. Doch die Mutter konnte sich überwinden, trat kürzer bei der Arbeit, nahm die finanziellen Einbußen hin und war „da".

Mehr muss man erstaunlicherweise oft gar nicht tun, außer da zu sein. Allein das hat eine ungeheure Wirkung auf unser Kind.

Vielleicht erinnern wir uns selbst noch, wie es war, wenn wir in der Schule waren: Die Vorstellung, dass die Mutter zu Hause im Garten arbeitet, gerade einkaufen geht und dann kocht, hat etwas Wärmendes. Die Vorstellung, dass sie bei der Arbeit ist und erst nach uns selbst nach Hause kommt, ist bis zu einem gewissen Alter weniger schön.

Wenn ich mir als relativ kleines Kind das Essen selbst aufwärmen muss, hat das etwas Verlorenes. „Alleine essen ist wie alleine sterben", hörte ich eine Afrikanerin sagen. Wir in Deutschland haben sowieso oft eine eher arme Essenskultur im Alltag. Doch das Essen ist eine Zeit des Zusammenkommens, des Erzählens und gemeinsamen Ausruhens. Viele Probleme können hier tatsächlich gelöst und verdaut werden.

Manchmal haben die Mütter den Glauben daran verloren, wie sehr sie selbst „wirken" können. Das Kind, das weint, braucht den Trost der Mutter. Der Blick der Mutter, ihr Zuhören, all das hat eine enorme Wirkung.

Es ist eine Freude, wenn wir begreifen, wie wirksam wir als Mensch sind. Nirgends zeigt sich das deutlicher als in der Paarbeziehung, der Mutter-Kind-Beziehung und auch in der Beziehung zwischen Psychotherapeut und Patient: Die emotionale Bindung zum Therapeuten ist wirksamer als jedes Medikament (manchen Forschungsrichtungen zufolge gilt das sogar für schizophrene Menschen).

Der emotionale Kontakt zu sich selbst und zu anderen hat eine heilsame Wirkung.

Wenn ich das bedenke und dafür sorge, dass mein Kind genug wirkliche emotionale Bindungen hat, dann habe ich als Mutter große Freiheiten. Den Kontakt zu anderen Menschen zu pflegen und möglichst gute Bindungen zu vielen Menschen aufzubauen, ist das Wichtigste, was wir tun können, wenn wir uns beruflich fortentwickeln und gleichzeitig als Mutter da sein wollen.

Freier von der Gesellschaft werden

Was wir von außen hören, spiegelt allzu oft nur das wider, was wir uns auch innerlich sagen. So können wir uns freier und selbstbestimmter fühlen:

- Achten wir auf unsere Selbstgespräche: Was sagen wir uns? In welchem Tonfall sprechen wir mit uns?
- Wie sehen meine Nähe- und Distanzwünsche zum Kind aus? Was nutzt es mir, die Begriffe „Glucke" oder „Rabenmutter" auf mich zu beziehen? Kann ich zu meinen Wünschen nach Zweisamkeit, Alleinsein, Familienleben und/oder beruflicher Erfüllung stehen?
- Wo habe ich ein schlechtes Gewissen? Kann ich das darunterliegende Gefühl (z. B. Trauer oder Sehnsucht) erkennen?

- Versuchen Sie, Ihr Denken offen zu halten. Jeder Tag bringt neue Chancen – pflegen Sie Ihre Träume und Sehnsüchte, suchen Sie sich Projekte, die Sie noch verwirklichen möchten, und achten Sie darauf, ob Sie auf innere Einwände („Ja, aber!") verzichten können.

Arbeit und Spiel

„Die Arbeit ist das Spiel des Erwachsenen", heißt es so schön. Wenn wir einen Beruf haben, der uns wirklich gefällt, dann kommt uns das Arbeiten so entspannend wie Spielen vor. Wir sind im Flow und können alles vergessen.

Ähnlich geht es Kindern, wenn sie lernen wollen: Jedes gesunde Kind ist wissbegierig und es sucht sich die Themen aus, für die es gerade reif ist. Nachhaltiges Arbeiten und Lernen geht fast immer spielerisch vor sich.

Kinder mit schweren psychischen Störungen zeichnen sich oft dadurch aus, dass sie nicht so spielen können wir andere Kinder. Es fehlt ihnen an „Als-ob-Spielen", in denen sie z. B. Rollenspiele spielen. Wenn Kinder mit inneren Sorgen beschäftigt sind, können sie oft nicht gut spielen.

Auch wir kennen das: Wenn unsere wichtigsten Beziehungen angespannt sind, dann können wir uns nicht auf unsere Arbeit konzentrieren. Ähnlich ist es mit dem Träumen – manche Kinder mit bestimmten psychischen Störungen träumen nachts kaum.

Spielen, Träumen und Arbeiten können dann gut zusammengehen, wenn es uns gut geht und wenn wir uns einen Beruf ermöglichen konnten, der uns wirklich entspricht. Es ist so wichtig, den Kindern nicht einen Beruf nahezulegen, nur weil er sicher ist. Zukunftsprognosen entpuppen sich meistens als falsch. Ein Kind kann ruhig Medizin studieren, wenn es gerade zu viele Ärzte gibt, denn in ein paar Jahren sieht wahrscheinlich wieder alles anders aus.

Wenn ein Kind Schauspieler, Künstler oder Handballer werden will, erscheint das den Eltern oft höchst unsicher. Wenn ich als Mutter nicht studiert habe und mein Kind Ärztin werden will, geschieht sehr viel in mir: Verunsicherung, Neid und Angst können dazu führen, dass ich meinem Kind seinen Wunsch ausreden möchte. Wenn ich Akademikerin bin und meine Tochter Friseurin werden will, habe ich vielleicht ebenfalls die Tendenz, ihr anderes schmackhafter zu machen.

Doch der wirklich sicherste Weg für ein Kind ist, das zu tun, was es gut kann und was es liebt, so absurd es den Eltern auch noch erscheinen mag. Denn die „innere Sicherheit" ist hierbei oft mehr wert als die „äußere Sicherheit". Wenn ein Kind seinem Weg folgen kann, dann entwickelt es oft schier unglaubliche Kreativität und Kraft. Sein Tatendrang ist unermesslich. Und die anderen Menschen spüren, ob man etwas tut, weil man es kann und liebt oder ob man seine Arbeit nur macht, weil es Pflicht ist und man in der Falle sitzt.

Die Kunden „kaufen es einem ab", wenn man das tut, was einem wirklich entspricht.

Ich war immer in engem Kontakt zu Menschen, die aus ihrem Hamsterrad nicht herauskamen – die am Fließband standen und putzen gehen mussten, weil sie keine Chance hatten, ihren schwierigen und tief verwickelten Verhältnissen zu entfliehen. Und doch konnte der ein oder andere Spezielles leisten, konnte sich durch Mut, Kreativität und Witz abheben, konnte seine Liebe in die Arbeit legen und dadurch viel bewirken.

Das Leben ist lang und verspielt. Um unsere Kinder werden wir uns wohl immer ernsthaft Sorgen machen – von „Spiel" ist da oft nicht mehr zu sprechen.

Manchmal brechen Kinder den Kontakt zu ihren Eltern ab, weil sie manches unaushaltbar empfanden. Manchmal stellen auch die Eltern den Kontakt zu ihren Kindern ein. Beziehungen können unerträglich werden. Und doch bleiben sie beweglich. Ich höre von Jugendlichen und jungen Erwachsenen manchmal den Satz: „Ich bin austherapiert." Meistens antworte ich darauf: „Niemand ist austherapiert, solange er lebt."

Und so ist es auch mit unseren Kindern – egal, welchen Lebensweg sie einschlagen, egal, welchen Beruf sie wählen: Auch in höherem Lebensalter noch sind heutzutage (ganz anders, als es z. B. vor 100 Jahren der Fall war) enorme Veränderungen möglich.

Wenn wir innerlich beweglich bleiben und mit unseren Gedanken spielen können, dann können wir uns davor bewahren, zu starr zu werden. Wenn unser Kind schlecht rechnen kann und Mathematiker werden will, spricht nichts dagegen. So mancher Fernsehmoderator hat als Kind gestottert oder litt unter sozialer Phobie.

Für viele Menschen ist es eine prickelnde Herausforderung, genau in die Richtung zu gehen, die ihnen eigentlich nicht liegt oder die besonders schwierig für sie ist. Unser Kind freut sich, wenn es bei uns mit seinen Wünschen nicht gleich auf Gegenwehr stößt. Und auch wir Mütter können noch Neues beginnen. Wir brauchen dazu nur etwas Mut.

Wenn wir uns auf gemeinsame „Gedanken-Spiele" und Kreativität einlassen können, macht uns vieles nicht mehr so viel Angst. Diese Haltung ist nicht mit einer „Es-ist-mir-egal-Haltung" zu verwechseln. Solange wir bei unserem Kind bleiben – gedanklich und emotional – solange begleiten wir es mit Interesse. Und das merkt unser Kind.

Wenn unser Kind scheitert, ist es nicht alleine, sondern wir scheitern schmerzlich mit ihm, ohne zu sagen: „Hättest Du doch …", oder „Siehst Du? Ich hab's Dir doch gleich gesagt!" Nach dem Tief wird es weitergehen.

Wenn wir uns von unserem Kind ein wenig führen lassen, dann können wir sehr erstaunt sein, wohin es uns führt. Ich glaube, dass jeder Mensch tief in sich eine Stimme trägt, die ihm sagt, was gut ist und was nicht. Selbst Kinder aus den desolatesten Elternhäusern sagen als Erwachsene oft: „Ich habe immer irgendwie gespürt, dass das nicht richtig ist." Wir können unseren Kindern oft viel mehr vertrauen, als wir glauben. Manchmal müssen wir uns regelrecht zu Vertrauen entscheiden. Aber Vertrauen ist sehr oft eine gute Möglichkeit, wirklich Kraft zu sparen, weil wir uns nicht mehr überall so festhalten müssen.

DIE BEZIEHUNG ZUM KIND GENIESSEN

Gute Bindung bei Trotz und Pubertät

Die wohl aufregendsten Wellen im Mutterdasein kommen im Trotzalter und in der Pubertät des Kindes. Beide Phasen sind eng miteinander verknüpft. In beiden Phasen kommt es zu enormen Loslösungsprozessen, während die Mütter häufig über Ratlosigkeit und Erschöpfung klagen.

Ein Kind in der Trotzphase entdeckt sein „Nein", sein „Ich" und die Macht über seinen Körper. Wenn ein Kind noch nicht sprechen kann, dann sind körperliche Nähe und Mimik das A und O in der Kommunikation. Doch mit der Sprache kommt auch das Laufen – ein Kind kann sich von der Mutter entfernen und mit der Sprache die Entfernung überbrücken. Es lernt seine Körpergrenzen kennen, es wird „trocken" und will über sich selbst bestimmen.

In der Pubertät folgt die Fortsetzung: Unser Kind bewegt sich aus der Familie heraus in seine Peer-Group (Referenzgruppe). Es erlangt eine psychische Reife, die es unabhängiger von uns Eltern macht. Es beginnt, urteilen zu können und mutiger zu werden. Die Eltern sind nicht mehr die, die alles können und wissen.

Sowohl in der Trotzphase als auch in der Pubertät spielt die Aggression eine große Rolle. Aggression und Trennung sind Themen, die dann auch die Eltern noch einmal mächtig beschäftigen. Wieder taucht hier das Problem auf, dass viele Mütter Angst vor ihrer eigenen Aggression haben. Doch wenn das Kind uns als Mutter herausfordert, dann erblüht unweigerlich auch unsere Aggression.

Nicht selten finden in der Trotzphase und in der Pubertät die größten Machtkämpfe statt. Sie können eine gute Ablenkung sein von einem Thema, das für viele Mütter sehr schmerzhaft ist: dem Älterwerden. Kommt das Kind in die Trotzphase, ist es „kein Baby mehr". Kommt es in die Pubertät, so ist es „kein Kind mehr". Und wir selbst merken, wie wir altern.

Das wird sehr deutlich im Märchen Schneewittchen, als die Mutter den Spiegel nach der Schönsten im ganzen Land befragt. Schneewittchen, die zur Frau reift, wird hübscher als die Mutter. Wir sehen uns in unseren pubertierenden Töchtern noch einmal selbst: Was waren wir selbst doch noch gelenkig mit 13! Und was hatten wir selbst doch mal so eine schlanke Figur! Während die Lebenskraft unserer Kinder in der Pubertät zu voller Blüte kommt, spüren wir vielleicht mehr und mehr, wie unsere eigene Energie hier und da schon nachlässt.

Wir haben es also mit auf den ersten Blick unschönen Themen zu tun: Aggression, Trennung, Älterwerden, aber auch Verzicht und Entbehrung. Ein Kind großzuziehen nimmt sehr viel Lebenszeit in Anspruch. Bis unsere Kinder in die Pubertät kommen, haben wir oft schon „alles" gegeben. Wir haben vielleicht verzichtet auf berufliche Fortschritte, auf Geld, auf Sexualität, auf gemütliche Abende und Reisen zu zweit, auf das Ausschlafen, auf Ruhe und Entspannung. Manche Mütter müssen vielleicht auf weniger verzichten, andere auf sehr viel.

Und dann kommt unser Kind und dankt es uns mit Trotz, Beleidigungen, mit Türenknallen und Schweigen. Es wirft uns Dinge vor, die oft vielleicht wahr, aber sehr oft auch einseitig sind. Es kann die andere Seite noch nicht sehen, weil es sie noch nicht kennt.

Es kennt noch keine Mutterliebe, weiß noch nichts von der Härte der Entscheidungen im Erwachsenenalter, kennt noch nicht den Druck, Geld verdienen zu müssen. Es entwickelt eigene Sichtweisen, doch es kennt noch nicht die ganze Geschichte und sieht nicht, was wir wissen und geschafft haben.

Der Satz „Wart' erst mal ab, bis Du selbst so weit bist!" mag uns leicht über die Lippen kommen. Aber er weckt großen Widerstand im Kind und nutzt uns selbst nur wenig. Wir tun gut daran, wenn wir darauf verzichten, diesen Satz auszusprechen.

Was wir jedoch tun können, ist uns im Hinnehmen üben. Es ist eben so, dass unser Kind nicht die ganze Bandbreite sehen kann. Doch durch den Spalt, durch den es schon blicken kann, kann es uns zutiefst treffen. Es spricht unsere Wunden und Verletzungen an und wir sind geneigt, zurückzuschlagen. Selten wird es so laut zwischen Mutter und Kind wie im Trotzalter und in der Pubertät.

Doch wenn wir lernen, innerlich still zu werden, dann können wir viele gute Erfahrungen machen. Wir können, während unser Kind uns Vorwürfe macht, darüber nachdenken. Wir können es aufnehmen und auch unseren Schmerz zeigen. Wir können auch unser Staunen darüber zulassen, wie gut uns unser Kind erkennt.

Dadurch, dass wir erst einmal aufnehmen, was es sagt – ob es aus unserer Sicht damit recht hat oder nicht – beruhigt das Kind ungemein, denn nichts sorgt für mehr Aufruhr als das Gefühl, dass man mit dem Gesagten und Gezeigten beim anderen nicht ankommt. So bleibt vielen Jugendlichen oft nichts anderes als Schweigen, Schreien und Provokation. „Sonst erreiche ich ja meine Mutter nicht!", sagen manche.

Wenn wir es schaffen, erreichbar zu bleiben, obwohl uns unser Kind an unsere Grenzen bringt, dann können wir oft erstaunt sein, wie dankbar unser Kind sein kann. Wenn wir zeigen, wie es uns geht, ohne laut zu werden, wenn wir aufnehmen, was unser Kind sagt, dann versetzen wir es mitunter in Staunen.

Das Kind „auszuhalten", es emotional zu „überleben", ruhig zu bleiben, still zu werden in schlimmen Momenten, das ist alles schon eine sehr hohe Kunst. Darum kann ich jeder Mutter nur empfehlen, Ausgleich zu finden in Tai-Chi, Qi Gong, Yoga, Judo, Aikido, Schwimmen, Laufen, Tanzen, Musizieren oder Ähnlichem.

Wenn wir auf ein Drama verzichten, dann kann unser Kind selbst ruhig genug bleiben, um denk- und fühlfähig zu bleiben. Eine echte Kommunikation bleibt dadurch möglich.

Wir tun oft so, als ginge die Beziehung zum Kind irgendwie natürlicherweise wie nebenbei von selbst. Doch die Beziehung braucht enorm viel innere Kraft, Mut und Weisheit. Wir müssen ungeheuer viel Spannung und Ungewissheit ertragen, wenn wir dafür sorgen möchten, dass unsere Beziehung zum Kind in ruhigem Fahrwasser bleibt.

Nur im ruhigen Fahrwasser können wir überblicken, was alles los ist, was wir selbst brauchen und was unser Kind braucht. Wir sind weder Maschinen noch Zen-Meister und müssen doch manchmal irgendwie beides sein.

Wir sind immer wieder enttäuscht von uns, wenn wir uns vielleicht „schon wieder" nicht beherrschen konnten und die Nerven verloren haben. Doch mit zu der Übung „Muttersein" gehört auch, sich immer wieder selbst zu vergeben und sich mit sich selbst zu versöhnen.

Man kann zehn Kinder haben, ohne eine Ahnung von Kindern zu bekommen – man kann aber auch wenige oder nur ein Kind groß ziehen und sich dabei enorm entwickeln, wenn man das möchte.

Innere Offenheit und den Mut, sich selbst kennenzulernen, kann man immer wieder einüben. Wenn man sich selbst, seinen Partner und seine Kinder kennenlernen will, braucht es immer wieder Neugier. Jeder Abend bietet die Gelegenheit, Abschied zu nehmen und jeder Morgen hält neue Chancen bereit.

Wenn wir darauf verzichten, nachtragend zu sein, wenn wir nicht schmollen und nicht um unsere „Autorität" ringen, dann können wir uns das Leben enorm erleichtern. Auch wenn dieser Weg in den angespannten Momenten selbst als der anstrengendere erscheint, so führt das Bemühen, sich selbst nicht zu verlassen, auf Dauer zu einem leichteren und befriedigenderen Leben.

Strafen und Konsequenz kosten Kraft – warum das nicht sein muss

Ich habe mich immer gefragt, wie Eltern sich ihre Strafen ausdenken: Ein Tag Fernsehverbot, zwei Nachmittage Stubenarrest, drei Tage kein Eis. Vielleicht gibt es ja so ein inneres Gefühl dafür, wie gerecht Strafen sind so ähnlich wie wir ein Gespür dafür haben, wie viel unsere Arbeit in Geld wert ist.

Ich selbst jedenfalls hatte keine Phantasie für Strafen. Ich bin völlig konsequent im Inkonsequentsein. Unser Alltag ist weiß Gott schwer genug. Wenn wir Streit mit unserem Kind haben und wenn wir es für etwas strafen wollen, dann zieht sich der Streitpunkt über längere Zeit hin.

Wenn das Kind etwas „getan" hat und ich bestrafe es mit zwei Tagen Tablet-Verbot, dann werden ich und das Kind jedes Mal an den unschönen Moment erinnert, der zur Strafe führte. Das heißt, dass aus einer Moment-Aufnahme etwas geworden ist, was sich möglicherweise über Tage hinzieht.

Wenn wir Strafen verteilen, tun wir das meistens aus einem Moment großer Wut heraus. Wenn wir jedoch wütend sind, dann fällt es uns schwerer, vernünftig zu denken oder zu „mentalisieren", wie Psychotherapeuten sagen. Wir können nicht mehr so gut über uns und andere nachdenken, wenn wir eingehüllt sind von starken Gefühlen.

Strafen entstehen ebenso oft aus einem Gefühl der Ohnmacht und Angst heraus. Häufig haben wir Zukunftsängste, wenn wir sehen, wie lang unser Kind aufs Smartphone starrt, wie oft es seine Hausaufgaben nicht macht oder wie beleidigend es sich uns gegenüber verhält. Wir malen uns mehr oder weniger bewusst aus, wie unser Kind auf die schiefe Bahn gerät und wie es nicht mehr zu retten ist. Wir wollen nicht schuld daran sein. Und so rutscht uns eine Strafe heraus, eh wir uns versehen.

Durch Strafen fühlen wir uns wieder etwas mächtiger, jedoch sind wir auch rasch wieder geplagt von schlechtem Gewissen.

Durch Strafen züchten wir Wut im Kind, vor allem dann, wenn es Strafen sind, die sich länger hinziehen.

„Aber mein Kind fordert die Strafe ja regelrecht ein!", sagen manche. Ja, es gibt Momente, in denen das Kind uns bis zum Äußersten reizt und dann erleichtert ist, wenn wir explodieren und ihm eine Strafe geben. Das ist eine besondere Form der Kommunikation. Das Kind hat so das Gefühl, dass es uns wenigstens im Negativen steuern kann (bzw. erst dann volle Aufmerksamkeit bekommt), wenn es uns reizt und wir dann so reagieren, wie es das erwartet hat.

Doch solche Kreisläufe kommen meistens dann vor, wenn wir vorher schon wenig verfügbar, wenig einfühlsam oder unberechenbar waren. Das sind wir ungewollt immer wieder, denn unser Alltag ist anstrengend und unser Kopf voller Sorgen. Doch wenn wir dann in eine herausfordernde Situation geraten, können wir uns selbst innerlich zurückholen. Es ist dann ein Warnhinweis: Ähnlich wie wir uns erkälten, wenn wir uns übernommen haben, so wird unser Kind uns reizen, wenn es ihm an guter Kommunikation mangelt.

Gerade kleine Kinder braucht man überhaupt nicht zu strafen. Sie sind völlig abhängig von uns und das spüren sie. Wenn wir uns um eine gute Bindung bemühen, wenn wir da sind für das Kind, über uns selbst und unser Kind nachdenken, wenn wir genügend Kontakte nach außen haben, dann sind wir in einem guten Fahrwasser.

Wenn unser Kind uns dann verletzt – durch Worte, Taten oder Treten – dann können wir mit unserer Mimik und unserer Stimme zeigen, dass es uns wehgetan hat. Wir zeigen dem Kind, was es in uns bewirkt hat. Und wenn wir es dann genau beobachten, dann sehen wir, dass es erschrocken und betroffen ist. Kleine Kinder können über ihr gewollt oder ungewolltes „Böses" genauso erschrocken sein wie wir Erwachsenen.

Es bekommt auf der Stelle Angst, uns oder unsere Liebe zu verlieren. Wir sehen vielleicht, dass es anfängt zu weinen. Dadurch erkennen wir, dass wir einen Kontakt haben – jeder von uns beiden ist berührt. Kinder haben ganz rasch den Drang, etwas wiedergutmachen zu wollen. Wir Erwachsenen haben nur oft keine Ahnung von dem Wiedergutmachungswunsch der Kinder.

Wenn uns bewusst ist, dass es Wiedergutmachungswünsche gibt – sowohl in uns, als auch in unseren Kindern – dann werden wir überrascht sein, wie oft wir sie auf einmal erkennen.

Für das kleine Kind ist es eine vollkommen ausreichende Strafe, wenn es sieht, dass es uns wehgetan hat. Das Kind spürt, dass es uns erreichen konnte. Es spürt, dass es uns nicht egal ist und dass auch wir uns eine gute Beziehung zu unserem Kind wünschen.

Wenn wir in dem Moment des „Vergehens" mit dem Kind sprechen, wenn wir ihm zeigen, dass es unsere Grenze überschritten hat, dann reicht das vollkommen. Wir müssen das Ganze nicht über den ganzen Abend oder gar bis in den nächsten Tag hinziehen. Wir können den Konflikt auf die konflikthafte Situation begrenzen. Das wird sowohl uns als auch unserem Kind sehr gut tun.

Wichtig für das Kind ist auch, dass es sieht, dass wir seine Angriffe psychisch „überleben". Wie wir bereits besprochen haben, trägt wohl jeder Mensch auch Todeswünsche in sich. Wir würden den üblen Nachbarn manchmal am liebsten killen, wir wünschen uns unser Kind manchmal einfach weg. Und vielleicht haben wir uns auch schon einmal Gedanken darüber gemacht, wie wir uns im Notfall selbst das Leben nehmen könnten.

Kinder haben genau wie wir Eltern unbewusste Phantasien darüber, wie sie jemanden töten könnten. Manchmal, wenn unser kleines Kind uns sehr angreift, dann wird die Nähe zu den „Mordwünschen" deutlich. Das Kind erschreckt sich sehr und hat Angst, dass es uns tatsächlich durch seine Impulse schwer beschädigt hätte.

Dies alles klingt vielleicht „abgedreht" für Sie, wenn Sie sich noch nicht mit psychoanalytischer Entwicklungspsychologie beschäftigt haben. Doch in Träumen, Spielen und Psychotherapien werden solche psychischen Vorgänge immer wieder deutlich.

Was unserem Kind dann nach seinem Angriff hilft, ist, wenn wir ihm zeigen, dass wir es psychisch verkraftet haben – dazu gehört zum Beispiel, dass wir nicht ausrasten, dass wir nicht unendlich wütend werden und dass wir es nicht im Reflex über die Maßen strafen.

Es reicht, wenn unser Kind sieht, wie betroffen wir sind, wie berührt und vielleicht auch wie verletzt. Aber wenn es sieht, dass wir weiterhin fähig bleiben, nachzudenken und emotional bei uns und bei ihm zu bleiben, dann hat das eine sehr entlastende Wirkung.

Natürlich gelingt uns das nicht immer – wir sind Menschen und unsere Nerven haben Grenzen. Wir selbst haben viel Verletzendes als Kind erlebt und manche Erinnerungen überfordern uns, sodass wir vielleicht nur noch die Fäuste ballen und heiß duschen gehen können.

Aber wir können uns irgendwann wieder sammeln. Das Wissen um solche psychologischen Zusammenhänge kann uns wie ein Kompass dienen und auch wie ein Halt und eine Hoffnung, dass wir eben nicht im Chaos versinken werden.

Unser Kind wird aller Wahrscheinlichkeit nach nicht Spiele-süchtig, drogenabhängig oder arbeitslos, wenn wir jetzt bewusst auf eine Strafe verzichten und uns weiterhin die Beziehung zu ihm am Herzen liegt. Und auch wenn wir „gescheitert" sind und wenn unser Kind auf die schiefe Bahn geraten ist, können wir immer noch neue Wege gehen.

Wichtig ist es immer, auf der Suche nach der Wahrheit zu bleiben und sich zu fragen: Was will ich verdrängen? Womit will ich mich nicht auseinandersetzen? Mit welchen Themen habe ich Schwierigkeiten und wo sitzt meine Angst?

Wenn wir ehrlich versuchen, unseren eigenen Schwächen nachzugehen und wenn wir uns selbst Hilfe suchen, dann ist unserem Kind am besten damit geholfen.

Wir sind immer Träger unserer eigenen Vergangenheit und eigene Traumata übertragen sich auf die nächste Generation, ohne dass wir etwas dafür können. Die Verletzungen treten immer wieder zutage, weil sie gelöst werden wollen.

Womit wir Lösungen jedoch wirklich verhindern, ist durch Wegschauen. Vielleicht schauen wir weg, weil wir selbst überfordert, hilflos und alleine sind und weil unsere eigene Angst zu groß ist.

Wenn wir beginnen, unsere Psyche als genauso verletzlich anzusehen, wie unseren Körper, dann haben wir sehr viel gewonnen. Kinder zu haben ist eine unglaubliche Herausforderung und die Probleme können sich bis ins Unermessliche türmen. Um gute Wege für spezielle Probleme zu finden, braucht es manchmal Jahre, sogar Jahrzehnte. Manches kann erst besprochen und gelöst werden, wenn die Kinder selbst erwachsen sind.

Eine Psyche für sich ist schon ein äußerst schwer zu verstehendes Gebilde. Wir können uns ja oft selbst nicht verstehen. Wenn zwei oder mehrere Menschen aufeinandertreffen, wo Nähe, Liebe, Wut und Angst eine Rolle spielen, dann kann es wirklich eine große Kunst sein, mit all dem Wunder und den Rätseln umzugehen.

Es hängt immer auch davon ab, wie wir selbst groß wurden. Erinnern wir uns an eigene Strafen oder auch an das Ausbleiben von Strafen, das uns wie Vernachlässigung vorgekommen sein mag – durch die Auseinandersetzung mit der eigenen Vergangenheit können wir Antworten finden auf die Fragen der Gegenwart.

Vielleicht können wir dann sogar ablassen von unnötigen Strafen. Vielleicht können wir dann auch schon vorbeugen, indem wir weniger Regeln aufstellen, denn jede Regel kann gebrochen und somit Grund für Ärger werden.

Äußere Regeln brauchen wir insbesondere dann, wenn innere Unsicherheit herrscht.

Unsere Kinder sind schon eingeengt genug – sie brauchen es, unsere innere Freiheit spüren zu können. Sie können sicher sein, dass die Auseinandersetzung mit sich selbst, immer auch positive Auswirkungen auf Ihre Kinder hat. Sie müssen viel weniger tun, als Sie glauben.

Weg vom Drama

Erziehungsserien im Fernsehen zählen zu den Serien, die unter unserem Niveau liegen. Wenn wir sie schauen, dann sind wir rein zufällig auf diesem Sender hängen geblieben. Wir fühlen uns erleichtert, wenn wir sehen, wie viel in anderen Familien schiefgeht und wie unverständlich sich andere Mütter verhalten.

Es ist anscheinend so, dass uns das Drama dieser Serien fesselt. Dramatische Szenen können eine Art Suchtcharakter bekommen. Wenn wir selbst in ein Drama geraten, ist es oft sehr schwierig, davon wieder wegzukommen. Ob wir aufbrausen oder nicht, hängt davon ob, wie sehr wir uns gesehen und verstanden fühlen, von unserer Theorie über den anderen aber auch davon, ob wir die richtigen Worte dafür finden, um zu äußern, wie es uns selbst geht.

Vielen Menschen, die in Vernachlässigung und unsicheren, vielleicht gewaltvollen Bindungen aufgewachsen sind, fehlt es an Worten und an der Fähigkeit, flexibel über sich und andere nachzudenken. Viele sind traumatisiert. Dazu gehört häufig, dass die Betroffenen eine sehr empfindliche HPA-Achse haben, also ein sehr empfindliches Stressregulationssystem (HPA = Hypophysen-Nebennierenrinden-Achse). Schon bei kleinstem Stress gehen sie hoch wie eine Rakete.

Es wird schnell laut und vieles führt rasch zum Drama. Nicht selten wird die Polizei zu Familienstreitereien gerufen, wo man jedoch schon aus der Ferne sieht: Das war jetzt aber auch ein bisschen Theater. Die Betroffenen haben regelrechte Lust am Drama. Da ist was los, da kann man die Aufregung und die Sensation genießen.

Bildung zeichnet sich oft (natürlich nicht immer!) durch ruhigeres Fahrwasser aus. Wenn in einer gesunden Familie ein Kind etwas nicht verstanden hat, dann ist die Wahrscheinlichkeit groß, dass es ihm noch mal ruhig erklärt wird. Die Erklärung selbst hat etwas Beruhigendes.

Durch die Bildung ist es den Eltern möglich, einmal mehr um die Ecke zu denken. Wo „bildungsferne" Eltern eher schreien: „Das ist völlig falsch! Was hast Du da wieder gemacht?", können gebildetere Eltern eher erkennen, wo die Logik im Fehler liegt. Man sagt: Sie können besser mentalisieren, also über sich und andere nachdenken. Vielleicht hat das Kind ein Wort verwechselt oder eine falsche Vorstellung von einem Wort.

Wenn wir gebildet sind, dann können wir uns vorstellen, was das Kind mit seinem „Fehler" vielleicht sagen wollte oder meinen könnte. Wir erkennen, dass der Fehler nicht ganz so falsch ist, und bleiben ruhig.

> *Bildung und gute Bindung hängen eng zusammen. Sprache und HPA-Achse bedingen sich gegenseitig. Wem die Worte fehlen, der wird rasch wütend und schlägt möglicherweise rasch zu. Wer gut beschreiben kann, was in ihm vorgeht, wird leichter verstanden, sodass der Aggressionspegel weiter unten bleibt.*

Dies ist wohl mit ein Grund, warum Bildung für die meisten Mütter und Väter eine große Bedeutung hat. Bildung hat etwas sehr Beruhigendes. In jeder Bibliothek herrscht Ruhe und wenn wir nachdenken, sind wir häufig auch in einem ruhigen Zustand. Wenn wir aufgeregt sind und uns Sorgen machen, dann kann der Vortrag eines gebildeten Menschen wie Balsam auf die aufgeregte Seele wirken. Bildung ist eine Möglichkeit weg vom Drama.

Gerade wenn wir Kinder haben, können wir leicht zu dramatischen Reaktionen herausgefordert werden. Wir nehmen uns vor, ruhig zu bleiben, doch irgendwie mag es uns nicht gelingen. Wenn wir uns mit Bildung beschäftigen, dann können wir uns selbst vom inneren Drama wegführen und wir können gleichzeitig gelassener gegenüber unserem Kind bleiben.

Kinder großzuziehen kann sich anfühlen, wie einen großen Berg zu besteigen: Die Kraft geht immer wieder aus, wir können immer wieder in Panik geraten und sehen uns selbst oder unsere Kinder kurz vor dem Absturz. Wenn wir dann an erfahrene Bergsteiger denken, die ruhig bleiben, können wir uns selbst zur Ruhe führen.

Drama macht alles nur schlimmer – es verzerrt die Wahrnehmung, verführt zum Lautwerden, zu Strafen oder gar zum Schlagen. Und hinterher haben wir ein schlechtes Gewissen.

Sich zur Ruhe zu zwingen ist auch oft nicht die Lösung, denn das kann den inneren Widerstand erhöhen, sodass wir dann irgendwann plötzlich und unvorhergesehen explodieren. Doch was hilft, ist das Bewusstsein dafür, dass die Dinge einfach besser verlaufen, wenn man die Ruhe bewahrt und versucht, weiter nachzudenken.

Je unsicherer die Dinge werden, desto sinnvoller kann es sein, ruhig zu bleiben und einen „kühlen Kopf" zu bewahren, denn nur im ruhigen Zustand können wir weiter nachdenken und kluge Entscheidungen treffen.

Auf Drama zu verzichten, ist manchmal gar nicht leicht, denn es bringt uns viele Vorteile: Es lenkt von uns selbst ab. Wir brauchen uns im Drama nicht mit unseren unangenehmen Gefühlen zu beschäftigen. Wenn wir in der Stille sind, können sich leise Schuldgefühle, Zweifel, Neid, Traurigkeit und andere Gefühle melden, die wir nicht wahrnehmen wollen. Das Drama vernebelt unsere Sicht und bereitet uns auf eine eigentümliche Art Lustgefühle. Hinterher kommt eine Erschöpfung, die sich manchmal auch ganz gut anfühlt.

Doch wenn wir uns dauerhaft in ruhigerem Fahrwasser bewegen, ist das meistens zufriedenstellender. Manche befürchten, es könnte dadurch auch etwas „toter" oder langweiliger werden, doch meistens ist das Gegenteil der Fall: Wir werden lebendiger dadurch.

Nicht zuletzt ist es auch eine kulturelle Frage, wie „dramatisch" wir leben. Unter Chinesen, Italienern, Brasilianern und Norwegern fühlen wir uns jeweils anders. Jede Kultur hat ihre Eigenheiten, z. B. stehen Brasilianer in der Regel näher beieinander als Deutsche, wenn sie sich unterhalten und Italiener sprechen mehr mit den Händen, als Deutsche es tun.

Doch was sich vielleicht überall feststellen lässt: Bildung hat etwas Verbindendes. Wenn wir uns mit gebildeten Menschen egal welcher Kultur treffen, dann können wir vielleicht diese Ruhe spüren, die sie ausstrahlen. Bildung führt zu mehr Ruhe und weg vom Drama. Sich zu bilden – egal in welcher Form – gehört aus meiner Sicht zu den besten „Wellnessmöglichkeiten" für Mütter.

Besonders in der Kunst, in Musik und Gedichten können wir uns vielleicht sehr verstanden fühlen, sodass wir uns beruhigt fühlen. So kann auch innere Freude aufkommen. Bildung können wir für uns als stille Kraftquelle nutzen oder sie auch mit unserem Kind teilen. Es sind meistens die ruhigen Momente, die wir in besonders schöner Erinnerung halten.

So können Sie die Beziehung zu Ihrem Kind leichter genießen

Die Pubertät und die Trotzphase sind häufig die anstrengendsten Zeiten für Eltern und Kind. Wir können Kämpfe mit unseren Kindern mithilfe von Fragen an uns selbst verhindern:

- Wie gehe ich selbst mit Aggressionen um?
- Wo will ich eigene Aggressionen nicht spüren?
- Wo habe ich Angst, die „Kontrolle über mein Kind" und somit meine Autorität zu verlieren? Hier gilt es, innerlich einen Schritt zurückzutreten. Kontrollversuche verschärfen die Probleme.
- Habe ich selbst Schwierigkeiten mit dem Älterwerden und kann ich mit anderen darüber sprechen? Wo bin ich neidisch auf mein eigenes Kind und wo habe ich vielleicht Sorge, es könnte mich übertrumpfen?
- Wenn wir unser Kind bestrafen, verschlimmern wir unter Umständen die Probleme – wir müssen dann konsequent sein und ziehen den Konflikt in die Länge. Es kann eine hilfreiche Erfahrung sein, einmal bewusst auf reflexhafte Strafen zu verzichten.
- Auch wenn uns nach Drama zumute ist: Es verbessert nie die Situation. Wenn wir dramatisch werden, versuchen wir, eigene Schmerzen zu betäuben. Wie sieht unser Schmerz aus, wenn wir ruhig werden? Können wir uns mit ihm auseinandersetzen?
- Geraten Sie nicht in „Loslass-Stress". Die Trennungsschritte werden von

ganz alleine kommen. Erst einmal können Sie in Ruhe die Nähe zu Ihrem Kind genießen. Dabei wünsche ich Ihnen viele wertvolle Erfahrungen – Sie und Ihr Kind werden sich immer weiter entwickeln. Bleiben Sie gespannt auf Ihre eigene Zukunft!

„Du musst mal lernen, loszulassen!"

Zum Schluss dieses Buches möchte ich noch über eine ganz besondere Neurose sprechen, die uns oft viel Kraft raubt: die „Loslass-Neurose". Wie oft haben wir den Satz: „Du musst mal lernen, loszulassen!" wohl schon gehört?

Bereits in der Schwangerschaft fängt es an, wo man sich immer früher zu einem Kaiserschnitt entschließt. Überall geht es um Frühförderung und um frühes Erkennen von möglichen Störungen und frühe Therapie. Es wird oft von uns gefordert, unser Kind zur Selbstständigkeit zu erziehen. Oft aber sind wir es auch selbst, die sich mit unserer inneren Stimme in diese Richtung drängen.

Doch auch Bewegungen hin zur Entschleunigung werden sichtbar: Langsam spricht es sich herum, dass die Abnabelung nicht hektisch nach der Entbindung passieren muss, sondern dass man mehr Zeit hat als gedacht. Das geduldige Abnabeln nach der Geburt hat anscheinend viele Vorteile für das Kind, z. B. steht es im Zusammenhang mit einer verbesserten Feinmotorik im Vorschulalter (Ärzteblatt, 2015).

Etwa 12 % der Kinder in Deutschland werden sechs Monate lang ausschließlich gestillt. Die Durchschnittsstillzeit (für alle Still-Arten) beträgt in Deutschland etwa acht Monate (Robert Koch-Institut, 2018). In Kulturen, in denen kein Drang zum Abstillen besteht, werden die Kinder durchschnittlich mindestens zwei Jahre lang gestillt (Australian Breastfeeding Association, 2018). Ich kenne verschiedene Frauen, die ihr Kind bis zu drei Jahren gestillt haben, aber irgendwann mit niemandem mehr darüber sprachen aus Sorge vor Vorurteilen. „So wirst Du Dich nie abnabeln können von Deinem Kind – und umgekehrt auch nicht!", lautet ein gängiger Vorwurf.

Dann geht es rasch zurück zur Arbeit, flugs in die Krippe und zur Kita, früh in die Schule und möglichst geradewegs zum Abi. Und bei jedem Schritt kommt die bange Frage: „Konntest Du Dein Kind schon loslassen? Läuft es schon, ist es schon trocken, kann es schon schreiben, schläft es schon im eigenen Bett, weiß es schon, was es werden will?"

Loslassen ist nicht etwas, das wir üben oder erzwingen müssen. Wenn man uns lässt, ist Loslassen ein vollkommen natürlicher Vorgang. Wenn wir in der frühen Schwangerschaft sind, mögen wir nicht über die Geburt nachdenken. Wenn unser Kind frisch geboren ist, mögen wir es nicht zwei Minuten aus den Augen lassen. Wenn wir uns jedoch im neunten Monat mühselig durch die Gegend schleppen, dann können wir den Tag der Geburt kaum erwarten: „Egal wie! Es soll jetzt da raus!", sagen wir.

Wir haben, wenn es an der Zeit ist, kaum noch Angst vor der Entbindung, weil der Wunsch, endlich wieder Herr im eigenen Haus zu sein, so groß ist. Ebenso ist es mit den meisten Abnabelungsprozessen: Wenn es so weit ist, dann können wir innerlich auch „Ja" sagen.

Schwierig wird es immer dann, wenn wir uns zu etwas zwingen wollen, das uns noch nicht entspricht. Ähnliches sehen wir in der Psychotherapie: In der intensiven Psychotherapie oder Psychoanalyse bindet sich der Patient an den Therapeuten. Der Trend geht hin zu immer kürzeren Psychotherapien, was jedoch nur den Drehtür-Effekt erhöht. Wenn wir einen Menschen „in die Freiheit entlassen", bevor er flügge ist, bleibt er in Wirklichkeit umso länger abhängig.

Nicht diejenigen Kinder sind besonders frei und selbstbewusst, die früh von Mutters Schoß geschubst wurden, sondern diejenigen, die so lange bleiben durften, wie sie es brauchten. Denn auch das Kind hat einen natürlichen Drang, sich zu trennen, wenn es so weit ist.

Babys kommen mit enormen Greifreflexen zur Welt – in der freien Natur überleben sie eben am besten, wenn sie sich an die Mutter festkrallen. Die Fähigkeit, etwas loszulassen oder einen Gegenstand herzugeben, kommt erst im reiferen Alter.

Unsere Ursprungshaltung ist also sozusagen das Festhalten. Das Loslassen kommt mit der Zeit, aber es kommt.

Meistens kommt das Loslassen-Können nach einer krisenhaften Zuspitzung. Wenn wir denken: „Ich kann wirklich nicht mehr! Hört das denn nie auf? Ich bin in der Hölle gelandet!", dann können wir häufig davon ausgehen, dass etwas bald geschafft ist.

„Fast jede Frau kommt während der natürlichen Geburt zu dem Punkt, an dem sie sagt: ‚Holt die Polizei! Ich will sterben! Ich geh' jetzt nach Hause!'", sagte eine Hebamme im Geburtshaus. Wenn die Frau an diesem Verzweiflungspunkt angelangt ist, ist das ein Zeichen für die Hebamme, dass es bald geschafft ist.

Ähnlich funktioniert es im weiteren Leben auch. Wir können uns wirklich in Ruhe verabschieden von der Hektik, loslassen zu müssen. Wichtiger ist es auch hier, sich gut zu beobachten, sich zu hinterfragen und die Wahrheit zu suchen. Wir spüren, wenn wir etwas festhalten, obwohl es längst nicht mehr gut ist – weder für uns, noch für unser Kind. Wenn wir auch für unangenehme Wahrheiten offenbleiben, dann finden wir wieder zurück zum Normalen.

Die organische Trennung geschieht ganz von alleine – wir müssen nichts machen, außer abzuwarten, zu beobachten und zu vertrauen.

Abwarten im Vertrauen ist oft die schwierigste Übung für uns – das Nichtstun müssen wir häufig erst wieder mühselig erlernen. Manchmal werden wir so unruhig, dass wir glauben, noch während des Wartens einen Herzinfarkt zu erleiden.

Doch meistens entwickeln sich die Dinge von selbst. Wir können uns selbst und unser Kind dabei mit Interesse und Staunen begleiten.

Was hat die Natur nicht alles für uns vorgesehen! Und wie oft sind wir erstaunt, was alles passiert, wenn wir die Dinge geschehen lassen. Wir sind viel zu oft damit beschäftigt, irgendetwas verhindern zu wollen.

Wir Mütter können das ändern und sowohl uns selbst als auch anderen dabei helfen, das Leben mit unseren Kindern entspannter und freudvoller werden zu lassen. Das fängt im ganz Kleinen an. Jede Ausatmung ist eine Trennung. Und wenn Sie nun dieses Buch zu Ende gelesen haben, dann ist es vielleicht auch genau richtig für Sie. Sie haben genug gelesen. Neue Bücher warten schon. Und Ihre Kinder vielleicht auch.

LITERATURVERZEICHNIS

Ärzteblatt (2015): Geburtshilfe: Spätes Abnabeln verbessert Feinmotorik. Deutsches Ärzteblatt (28.5.2015), https://www.aerzteblatt.de/nachrichten/62955/Geburtshilfe-Spaetes-Abnabeln-verbessert-Feinmotorik

Australian Breastfeeding Association (2018): How long should I breastfeed my baby? October 2018, https://www.breastfeeding.asn.au/bfinfo/how-long-should-i-breastfeed-my-baby

Autismus-Spektrum-Störungen im Kindes-, Jugend- und Erwachsenenalter. S3-Leitlnie der DGKJP und DGPPN, Stand 23.2.2016, https://www.awmf.org/uploads/tx_szleitlinien/028-018l_S3_Autismus-Spektrum-Stoerungen_ASS-Diagnostik_2016-05.pdf

AWMF-Leitlinie (2014): Abele H. et al.: Vorgehen bei Terminüberschreitung und Übertragung (2014f), Nr. 015/065, https://www.awmf.org

Bergmann W (2019): Lasst Eure Kinder in Ruhe! Gegen den Förderwahn in der Erziehung. Kösel-Verlag 2019

Bergner C (2015): Enthüllt. Die Beschneidung von Jungen – nur ein kleiner Schnitt? Betroffene packen aus über Schmerzen, Verlust, Scham. Tredition.de

Bertelsmann-Stiftung (2019): Überversorgung schadet den Patienten. https://www.bertelsmann-stiftung.de/de/themen/aktuelle-meldungen/2019/november/ueberversorgung-schadet-den-patienten

Dammasch F, Katzenbach D, Ruth J (Hrsg.) (2008): Triangulierung. Lernen, Denken und Handeln aus psychoanalytischer und pädagogischer Sicht. Brandes & Apsel, Frankfurt am Main (2008), S. 7-10, https://www.pedocs.de/volltexte/2010/1890/pdf/Dammasch_et_al_Triangulierung_2008_D_A.pdf

Del Mar CB et al. (2004): "Drink plenty of fluids": A systematic review of evidence for this recommendation in acute respiratory infections. BMJ 2004; 328:

499, doi: 10.1136/bmj.38028.627593.BE

Ekirch R (2006): At Day's Close: Night in Times Past. W. W. Norton & Company, Inc., New York

Elternalarm – Die Familie Parent (Les Parent). Fernsehserie, Kanada/Frankreich 2008-2010

Gesundheitsberichterstattung des Bundes (2003): Gesundheit alleinerziehender Mütter und Väter. Robert-Koch-Institut (Hrsg.). Autorinnen: Helfferich C, Hendel-Kramer A, Klindworth H, Freiburg, April 2003, Heft 14

Grötschel M (2015): Mathematik ist wirklich von jedem beherrschbar. Lossau N., 31.5.2015, Welt.de, https://www.welt.de/wissenschaft/article141711745/Mathematik-ist-wirklich-von-jedem-beherrschbar.html

Grotstein J (2007): A Beam of Intense Darkness: Wilfred Bion's Legacy to Psychoanalysis. Karnac Books, London 2007, Routledge, New York 2018

Insa I et al. (2018): Difference in Psychic Distress Lived by Parents With ADHD Children and Parents With Healthy Children: Focus on Gender Differences. Journal of Attention Disorders, https://journals.sagepub.com/doi/abs/10.1177/1087054718790010

Matthäus 6.26, Lutherbibel 1912

Mehta N (2015): Unique Aspects of Sleep in Women: Missouri Medicine, 2015 Nov-Dec; 112(6): 430–434. https://www.ncbi.nlm.nih.gov/pmc/articles/PMC6168103/

Miller A (1983): Das Drama des begabten Kindes und die Suche nach dem wahren Selbst. Suhrkamp Verlag, Berlin

Miller M (2013): Das wahre Drama des begabten Kindes. Kreuz-Verlag, 2013, Herder-Verlag, Freiburg im Breisgau, 2016

Neufeld G (2006): Unsere Kinder brauchen uns. Genius-Verlag, Bremen

Hegarty S (2012): The myth of the eight-hour sleep. BBC World Service 22.2.12, https://www.bbc.com/news/magazine-16964783

Leff JR (1986): Facilitators and Regulators: Conscious and unconscious processes in pregnancy and early motherhood. British Journal of Medical Psychology, Vol 59, Issue 1: 43-55, https://doi.org/10.1111/j.2044-8341.1986.tb02664.x, https://onlinelibrary.wiley.com/doi/abs/10.1111/j.2044-8341.1986.tb02664.x

Loriot (2001): Papa ante portas. Film, Warner Home Video

Pergolesi G (1736): Stabat mater. Stück in F-Moll für Sopran, Alt, Streicher und Generalbass

Robert-Koch-Institut (2017): Rattay P. et al: Gesundheit von alleinerziehenden Müttern und Vätern in Deutschland. Journal of Health Monitoring 2017, DOI 10.17886/RKI-GBE-2017-112, https://www.rki.de/DE/Content/Gesundheitsmonitoring/Gesundheitsberichterstattung/GBEDownloadsJ/Focus/JoHM_04_2017_Gesundheit_Alleinerziehender.html

Roenneberg T (2012): Internal Time. DuMont Buchverlag, Köln

Ryan RM, Martin A, Brooks-Gunn J (2006): Is One Good Parent Good Enough? Patterns of Mother and Father Parenting and Child Cognitive Outcomes at 24 and 36 Months. Parenting. Science and Practice, Volume 6, Issue 2-3: Pages 211-228, https://doi.org/10.1080/15295192.2006.9681306, https://www.tandfonline.com/doi/abs/10.1080/15295192.2006.9681306

Searles H (2008): Der psychoanalytische Beitrag zur Schizophrenieforschung. Psychosozial-Verlag, Gießen

Segal H (2010): Encounters through Generations (20.07.2010), The Institute of Psychoanalysis, London, https://youtu.be/dtxytpdO3JM

Sternstunde Philosophie (18.5.2008): Familienbande. Pasqualina Perrig-Chiello und Remo Largo im Gespräch. Schweizer Fernsehen, https://youtu.be/itfFxHr5vTs

Sternstunde Philosophie (15.3.2020): Weltklasse! Vom Beitrag des Sports zum Lebensglück. Dominique Gisin und Ines Geipel im Gespräch. Schweizer Fernsehen/3SAT, 15.3.2020

Tolle E (2018): Jetzt! Die Kraft der Gegenwart. Kamphausen Media GmbH, Bielefeld, 11. Auflage 2018

Verde C: Ernährung nach Ayurveda – Nahrung als Medizin. Abgerufen am 9.4.2020, http://www.ayurveda-united.de/ernaehrung-nach-ayurveda

Vermeer HJ and van Ijzendoorn MH (2006): Children's elevated cortisol levels at daycare: A review and meta-analysis. Early Childhood Research Quarterly, 21, 390-401; doi: 10.1016/j.ecresq.2006.07.004, http://www.sciencedirect.com/science/article/pii/S0885200606000421

Winnicott D (1947): "There is no such thing as a baby." And Winnicott, D (1964): Further thoughts on babies as persons. In: The child, the family, and the outside world (pp. 85-92). Harmondsworth, England: Penguin Books. (Original work published 1947)

Winnicott D (1951, 1971): Playing and Reality. Tavistock Publications 1971

Winnicott D (1958): The Capacity To Be Alone. International Journal of Psycho-Analysis, 39: 416-420

Zuckowski R (2011): Ich schaff' das schon. CD, Musik Für Dich (Universal Music GmbH, Berlin)

Printed in Germany
by Amazon Distribution
GmbH, Leipzig

21663004R00094